阅读中国·外教社中文分级系列读物
Reading China SFLEP Chinese Graded Readers

U0558616

总主编 程爱民

聊斋故事

Strange Stories from
a Chinese Studio

原著 蒲松龄

编者 孙敏

五级主编 敖雪岗

五级
2

上海外语教育出版社
SHANGHAI FOREIGN LANGUAGE EDUCATION PRESS

主编的话

　　每个学习外语的人在学习初期都会觉得外语很难，除了教材，其他书基本上看不懂。很多年前，我有个学生，他大学一年级时在外语学院图书室帮忙整理图书，偶然看到一本《莎士比亚故事集》，翻了几页，发现自己看得懂，一下子就看入了迷。后来，他一有空就去图书室看那本书，很快看完了，发现自己的英语进步不少。其实，那本《莎士比亚故事集》就是一本牛津英语分级读物。这个故事告诉我们，适合外语学习者水平的书籍对外语学习有多么重要。

　　英语分级阅读进入中国已有几十年了，但国际中文分级教学以及分级读物编写实践才刚刚起步，中文分级读物不仅在数量上严重不足，编写质量上也存在许多问题。因此，在《国际中文教育中文水平等级标准》出台之后，我们就想着要编写一套适合全球中文学习者的国际中文分级读物，于是便有了这套《阅读中国·外教社中文分级系列读物》。

　　本套读物遵循母语为非中文者的中文习得基本规律，参考英语作为外语教学分级读物的编写理念和方法，设置鲜明的中国主题，采用适合外国读者阅读心理和阅读习惯的叙事话语方式，对标《国际中文教育中文水平等级标准》，是国内外第一套开放型、内容与语言兼顾、纸质和数字资源深度融合的国际中文教育分级系列读物。本套读物第一辑共36册，其中，一——六级每级各5册，七——九级共6册。

　　读万卷书，行万里路，这是两种认识世界的方法。现在，中国人去看世界，外国人来看中国，已成为一种全球景观。中国历史源远流长，中国文化丰富多彩，中国式现代化不断推进和拓展，确实值得来看看。如果你在学中文，对中国文化感兴趣，推荐你看看这套《阅读中国·外教社中文分级系列读物》。它不仅能帮助你更好地学习中文，也有助于你了解一个立体、真实、鲜活的中国。

程爱民

2023 年 5 月

目 录

第一章 狐狸的故事[1]

 雨钱

滨州（Bīnzhōu）有一个秀才，一天正在家里读书，听到敲门声，打开门一看，门外站着一位老人，头发、胡子都白了，穿着打扮很奇怪。老人对秀才说："听说秀才品德高尚，我走了很远的路过来，想和你交个朋友。""欢迎欢迎，请进！"秀才高兴地把老人请进房间。老人知识渊博，说话生动有趣，有时谈起书中一些语句的意义，见解独特。秀才听了，对老人十分佩服："您说得太好了！以前很多不能理解的道理，听完您的分析，我都明白了。"老人这时才告诉秀才："我叫胡养真（Hú Yǎngzhēn），其实我并不是人，而是狐仙。我住在后山的山洞里，专门变成人来拜访你。"秀才听后吃了一惊，不过他告诉老人，他并不在乎。此后，老人经常来见秀才，和他讨论学问，两人的友谊越来越深厚。

一天，秀才突然问老人："您身为狐仙，应该会不少法术吧？"老人点点头。秀才接着说："您看我这么穷，能变出一些钱来帮帮我吗？"老人沉默了，似乎并不愿意。秀才接着说："我们的交情这样好，您愿意看到我连书都买不起

---

1 本书故事均选自《聊斋志异》。《聊斋志异》是中国清代小说家蒲松龄创作的短篇小说集，"聊斋"是蒲松龄书房的名字，"志异"指记录奇异的故事。因此，《聊斋志异》里写的都是神仙、鬼怪等不寻常的故事，作者借这些故事来讽刺当时的社会现实。

吗？而且，变出金钱对您来说并不是一件难事。"老人笑了："这的确很容易，不过你要先给我十几个铜钱。"秀才连忙跑进卧室，拿出一个钱袋："幸好我还剩一些钱。"老人手里拿着铜钱，脚下走着八卦步，口中念了一句咒语。念完，老人往空中一指，喊道："变！"数不清的铜钱从屋顶"哗哗哗"地落下来，钱越来越多，像下雨一样。秀才看着满屋的钱，笑得越来越开心。老人问秀才："你满足了吗？"秀才连忙点头："满足了！满足了！"老人挥一挥手，铜钱雨立刻停了。老人对秀才说："好了，我该走了。""多谢狐仙帮助，您对我的大恩我永远记在心里。"送走老人，想着还有一屋子的钱等着自己，秀才做起了美梦，想象自己住着大房子，过着有钱人的生活。没想到，一进门，满满一屋子的钱都消失了，地上只有他给老人的那十几个铜钱。秀才生气地跑出门，追上老人："该死的狐仙，你站住！为什么要骗我？钱呢？哪里去了？你给我变出来！"老人回答："我和你做朋友，是想和你交流学问。你要是想不劳而获，就应该找小偷做朋友！我不会满足你的要求！"说完，老人头也不回地走了。

注释

秀才 xiùcai

秀才是明清两代生员的通称，也泛指读书人。秀才在当地有一定的社会地位，比较受尊重。

狐仙 húxiān

在中国传统神话传说中能修炼成仙、化为人形、与人来往的狐狸。

八卦步 bāguàbù

按照八卦的方位，加上中间的位置，不断穿行的走法。

急急如律令 jíjírúlǜlìng

中国汉代公文常以此作结尾，意思是按照法律命令立即办理。后多为道教咒语，用以让鬼神按符令行事。

本级词：

敲门 qiāo mén | to knock at the door

胡子 húzi | beard

打扮 dǎban | to dress up

分析 fēnxī | analysis

洞 dòng | hole

拜访 bàifǎng | to pay a visit

此后 cǐhòu | hereafter

友谊 yǒuyì | friendship

卧室 wòshì | bedroom

剩 shèng | to remain

空中 kōngzhōng | air

屋 wū | house

骗 piàn | to cheat

超纲词：

狐狸 húli | fox

穿着 chuānzhuó | attire, dress

品德 pǐndé | morality

渊博 yuānbó | erudite

见解 jiànjiě | view

佩服 pèifú | to admire

法术 fǎshù | magic arts

交情 jiāoqíng | friendship

买不起 mǎi bu qǐ | can't afford

金钱 jīnqián | money

铜钱 tóngqián | copper cash

幸好 xìnghǎo | fortunately

清 qīng | clear

屋顶 wūdǐng | roof

哗 huā | sound of rain or water flowing

挥 huī | to wave

该 gāi | must

恩 ēn | favor, kindness

不劳而获 bùláo'érhuò | to profit by other people's toil

小偷 xiǎotōu | thief

练 习

根据文章判断正误

（　　）1. 老人和秀才交朋友，是想和秀才交流学问。

（　　）2. 老人是狐仙。

（　　）3. 老人没有学问。

（　　）4. 变出金钱，对老人来说是一件很难的事。

（　　）5. 老人变出很多钱，帮助秀才过上了有钱人的生活。

二　九山王

　　有一个姓李的书生，家中很有钱，但是房子不多。他的房子后面有个园子，一直没人住，长满了草。一天，有位老人来找李生，愿意出一百两银子租他的房子。李生拒绝了："我家中没有房子可以出租。"老人对李生说："不必担心，你收下钱就可以了。"李生不明白他是什么意思，暂时收下了银子，想看看到底怎么回事。

　　过了一天，村里的人见到有马车进了李家，吵吵闹闹的，好像人很多。大家都觉得奇怪，便去问正在外面办事的李生："你家并不大，那么多人住得下吗？"李生不知道怎么回事，急忙跑回家，却没有见到人。

　　过了几天，租房子的老人来了，对李生说："搬过来好几天了，家中一直没收拾好，就没来拜访主人。今天叫女儿备了一桌饭菜，请你过去坐坐。"李生同意了。

他跟着老人走进自己家后面的园子，突然见到很多房子。走进房间，里面布置得很漂亮。刚坐下，老人的女儿就端上了丰盛的饭菜。门外一直有人，不时听到聊天、开玩笑的声音，很热闹。李生明白了，这家人都是狐狸变的。

李生吃完饭回到家，心里计划着杀死这些狐狸。他每次出门，都会买一些硫黄、硝石，前后加起来有几百斤，他偷偷地把这些东西放到园子里。等一切准备好了，他就用火点燃硫黄和硝石，整个园子都起了火，里面响起一片痛苦的叫声。烧了好久，大火终于熄灭了。李生进园子一看，满地都是烧焦的狐狸。这时，老人从外面回来了，见此情景满脸悲伤，对李生说："我出钱租下你的园子，还特地请你过来做客，并没有对不起你的地方。你怎么能烧死我全家？这个仇，我一定会报！"说完，愤怒地离去了。李生怕它来报复，出门十分小心。然而过了一年多，什么动静都没有。

又过了几年，山里多了很多强盗，有一万多人，连官兵都拿他们没办法。李生每天都很担心，怕这些强盗来抢自己家。这时，村子来了一位算命先生，算什么都特别准。李生便请他来家里，算命先生一进屋就大叫："您就是真正的皇帝啊！"李生吃了一惊，觉得算命先生在骗自己。算命先生很严肃地告诉他："有谁一出生就是皇帝呢？很多人都是通过自己的努力成为皇帝的。"李生心里仍然怀疑。算命先生又说："您要是相信我，我愿意跟随您，帮助您成为皇帝！"算命先生建议李生先准备几千套战衣和几千支弓箭，可李生担心没有人会跟随自己。算命先生说："我愿意为您联合山里的人，宣称您才是真正的皇帝，他们肯定愿意来。"李生很高兴，就让算命先生按照计划去办。他把家中所有的钱都拿出来，购买了战衣和弓箭。过了几天，算命先生来了，说："山里的人都愿意跟着您，听您指挥。"果然，不到十天，就有数千人来了。李生带着这些人，占领周围的山林，插上自己的旗帜。

7

李生指挥兵马，打败了县令带来的官兵。县令将此情况报给上级，于是来了更多的官兵，却又被他打败了。从此，李生变得很有名，手下的兵马也越来越多。李生自称"九山王"，觉得自己离成为皇帝的日子不远了。

没想到官府派了更多的兵马围住他们。"九山王"李生连忙去找算命先生，可算命先生却已经消失了。李生没有办法，只能等待死亡。他这时才明白，算命先生就是那只狐狸，它终于报了仇。

书生 shūshēng

中国古代对读书人的称呼。表示对对方的尊称时，可以用"姓+生"，比如文中姓李的书生，可以称他"李生"。

硫黄、硝石 liúhuáng xiāoshí

中国古代用来制造火药的材料。

县令 xiànlìng

中国古代一县的行政长官。

本级词：

拒绝 jùjué | to refuse

暂时 zànshí | temporarily

收拾 shōushi | to tidy

不时 bùshí | from time to time

杀 shā | to kill

偷偷 tōutōu | stealthily

点燃 diǎnrán | to ignite

悲伤 bēishāng | sad

抢 qiǎng | to rob

严肃 yánsù | solemn, serious

跟随 gēnsuí | to follow

肯定 kěndìng | to be sure

占领 zhànlǐng | to occupy

插 chā | to insert

上级 shàngjí | superior

超纲词：

园 yuán | garden

两 liǎng | taels

银子 yínzi | silver

马车 mǎchē | carriage

吵吵闹闹 chǎochǎonàonào |
　　　　to be in a bustle

便 biàn | then

端 duān | to hold

丰盛 fēngshèng | abundant

聊天 liáotiān | to chat

响起 xiǎngqǐ | to sound

熄灭 xīmiè | to extinguish

烧焦 shāojiāo | burned

特地 tèdì | specially

报仇 bàochóu | to revenge

愤怒 fènnù | angry

报复 bàofù | to retaliate

动静 dòngjing | activity, movement

强盗 qiángdào | robber

官兵 guānbīng | government troops

算命 suànmìng | fortune-telling

皇帝 huángdì | emperor

战衣 zhànyī | battle suit

弓箭 gōngjiàn | bow and arrow

宣称 xuānchēng | to declare

旗帜 qízhì | flag

报 bào | to report

自称 zìchēng | to call oneself

官府 guānfǔ | government

死亡 sǐwáng | to die

练 习

根据文章判断正误

（　　）1. 老人一家人都是狐狸变的。

（　　）2. 李生喜欢狐狸。

（　　）3. 李生相信自己能做皇帝。

（　　）4. 算命先生是老人变的。

（　　）5. 老人帮助李生，是希望他做皇帝。

三　王成（上）

　　王成家里本来很有钱，但他太懒了，花光了父母留给他的钱，最后只剩下几间破房子，家里连床都没有了。一年夏天，天气非常热，王成就去村外一座无人的园子里乘凉。第二天早上起来，王成发现地上有支金钗，捡起来一看，上面写着"仪宾府制"四个字。王成的爷爷曾经做过仪宾，他想："这是不是爷爷留下的东西呢？"这时，一个老婆婆过来找金钗。王成虽然穷，但不贪心，马上把金钗还给了老婆婆。老婆婆很高兴："这金钗不贵，却是丈夫留给我的遗物。对我来说，很珍贵。我的丈夫做过仪宾……"王成吃惊地说："那是我爷爷！"老婆婆也很吃惊："你是他的孙子？我本是狐狸，修炼成了人。百年前和你爷爷结婚，你爷爷死后，我就离开了。没想到路过这里，丢了金钗，正好被你捡到。"王成曾经听说爷爷有个狐妻，就相信了她说的话，请她一起回家。

　　到了家，王成连忙叫妻子出来相见。他的妻子穿着破衣，脸色也不好，老婆婆叹息着："没想到你们现在这么穷啊！"她看见家里什么吃的也没有，又问："你们平时靠什么生活？"王成的妻子流着泪说起家里的情况。老婆婆就把自己的金钗送给了她，让她换成钱去买米，还约好三天后再见。过了三天，老婆婆又来了，还带来一些钱，让他们买更多的粮食。本来，王成的妻子听说她是狐狸，有些害怕，现在见她这么善良，也就不担心了。

　　第二天，老婆婆对王成说："你应该做点小买卖，每天只花钱，不挣钱怎么行？"王成说："我没有钱。"老婆婆拿出四十两银

子，让王成去买布。等他买完布回来，老婆婆又让他赶快去京城："你一定要在六天内赶到，晚一天你都会后悔的。"王成答应了。一路上很辛苦，他每次想放弃时，想起老婆婆说的话，就继续坚持赶路。可惜，路上下起了雨，王成全身都湿了，只好住进旅馆。雨连续下了两天，王成无奈，只好在旅馆停留了两天。等快到京城时，他听说布卖得很贵，心里非常高兴。可是等他到达京城，才知道晚了一步。

原来，王府里要用很多布，布的价格一下子涨上去了。商人们都来卖布，可过了两天，布的价格就跌了。王成知道后心情很差。他想再等等，可过了十多天，身上带的钱快花光了，布还没有卖出去。最后，王成只能低价把布卖了，这一下不仅没挣钱，还亏了好多。更糟糕的是，他卖布的钱放在旅馆还被人偷了！王成连忙找到旅馆的老板，老板也没办法。有人让他告老板，让老板赔偿他的损失。王成却说："是我运气不好，和老板没有关系。"老板很感谢他，送给他五两银子做路费。

仪宾 yíbīn
| 明代对宗室亲王、郡王之婿的称谓。

京城 jīngchéng
| 中国古代对首都的称呼。

王府 wángfǔ
| 中国古代等级最高的贵族的住宅。

本级词:

剩下 shèngxià | to remain

珍贵 zhēnguì | precious

丢 diū | to lose

脸色 liǎnsè | complexion, look

买卖 mǎimài | deal, transaction

挣钱 zhèngqián | to earn money

后悔 hòuhuǐ | to regret

辛苦 xīnkǔ | toilsome

放弃 fàngqì | to give up

可惜 kěxī | regrettably

无奈 wúnài | to have no choice

停留 tíngliú | to stop over, to stay

一下子 yíxiàzi | all of a sudden

涨 zhǎng | to go up

亏 kuī | to lose money

糟糕 zāogāo | damnable

偷 tōu | to steal

赔偿 péicháng | to recompense

损失 sǔnshī | loss

超纲词:

懒 lǎn | lazy

乘凉 chéngliáng | to enjoy the cool

金钗 jīnchāi | gold hairpin

捡 jiǎn | to pick up

婆婆 pópo | grandmother, old woman

贪心 tānxīn | greedy

遗物 yíwù | relics

本 běn | originally

修炼 xiūliàn | (of Daoists) to try to cultivate vital energy

路过 lùguò | to pass by

叹息 tànxī | to sigh

一路上 yílù shang | all the way

跌 diē | to depreciate

低价 dījià | low price

告 gào | to sue

路费 lùfèi | travelling expenses

练 习

根据文章判断正误

（　　　）1. 王成家里原本很有钱。

（　　　）2. 王成贫穷，是因为他很懒。

（　　　）3. 王成和妻子知道老婆婆是狐狸后，都很害怕。

（　　　）4. 王成按时到达了京城。

（　　　）5. 王成卖布挣了很多钱。

王成（下）

　　王成觉得就这样回去，没脸见人。正在这时，他看见有人斗鹑，赢了可以挣很多钱，而买一只鹑只要很少的钱，他就买了几十只鹑。到了夜里，京城下起大雨，街道上水流成河。大雨连着下了好几天，笼子里的鹑渐渐死去。王成很着急，但也想不出什么好办法。又过了一天，鹑死得只剩下几只。他把它们装到笼子里，精心喂养。

没想到，过了一个晚上，笼子里只剩下一只活着的鹑。王成心想："钱也花光了，家也回不去了，干脆死了算了。"旅馆的老板安慰他，并仔细打量剩下的这只鹑，告诉他："这只鹑看起来很厉害，其他鹑可能是被它斗死的。你不如带它出去试试，说不定就赢了呢！"王成觉得老板说得有道理，就开始认真训练这只鹑，然后带出去和别的鹑斗。没想到这只鹑真的很厉害，每次都赢。他因此挣了不少钱。

　　元宵节这一天，老板告诉王成："你挣钱的机会来了，有位王爷特别喜欢斗鹑，每到元宵节，他都让人带鹑去王府里斗。要是赢了，王爷肯定愿意花钱买你的鹑，你正好能卖个好价钱。"王成就和老板带着鹑一起去了王府。到了那里，他们发现台阶下站满了人。王爷出来后，让大家拿着鹑上去斗。王爷的鹑果然厉害，不一会儿，好几个人的鹑都被打败了。轮到王成，王爷见到他的鹑，说："你这只鹑满眼杀气，一看就很厉害。来人，换'铁嘴'鹑上来。"没想到，铁嘴鹑败了。王爷连续换上好几只鹑，都败了。王爷命令下人取来宫中的玉鹑。那玉鹑很特别，全身的羽毛都是白色的。王成连忙阻止，说道："我的鹑肯定不是对手。它要是死了，我以后都没法挣钱了。"王爷笑着说："放心，你的鹑要是死了，我赔给你。"王成这才放出自己的鹑。玉鹑见王成的鹑出来，立刻奔过去。王成的鹑低下身来准备战斗。玉鹑啄过来时，王成的鹑飞起来攻击。两只鹑你攻我守，你退我进，斗了两个小时也没分出胜负。慢慢地，玉鹑没力气了，王成的鹑却越斗越勇敢。很快，玉鹑身上的羽毛一片片掉下来，逃走了。

王爷问王成："你的鹑卖吗？"王成回答："我没有什么钱，平时生活全靠这只鹑，我不想卖。"王爷说："我出六百两，你卖了这只鹑，就能过上好日子。"王成想了想，同意了。回旅馆的路上，老板告诉王成："你太着急了，再跟王爷说说，能卖更多钱呢！"王成笑了笑："六百两我已经很满足了，可以回家见我家人了。"

回到旅馆，王成坚持分给老板一些银子，感谢他的帮助。回到家，王成跟家人详细讲了事情的经过，大家非常开心。老婆婆又催着王成买了三百亩田，还让他修房子、打家具。每天一大早，老婆婆就叫王成夫妻起来，让王成去管理田地，让王成的妻子织布。只要不勤快，老婆婆就严厉地批评他们。过了三年，王成的家就变富了。老婆婆要离开，夫妻二人哭着留她，老婆婆答应了。可是，等到第二天天亮，老婆婆已经不见了。

本级词：

干脆 gāncuì | simply

安慰 ānwèi | to comfort

仔细 zǐxì | carefully

厉害 lìhai | fierce

命令 mìnglìng | to command

羽毛 yǔmáo | feather

赔 péi | to compensate for

胜负 shèngfù | victory or defeat

逃走 táozǒu | to escape

详细 xiángxì | detailed

严厉 yánlì | strict

超纲词：

斗 dòu | to fight

鹑 chún | quail

笼子 lóngzi | cage

精心 jīngxīn | meticulous

喂养 wèiyǎng | to feed

打量 dǎliang | to look sb up and down

试试 shìshi | to have a try

元宵节 Yuánxiāo Jié | Lantern Festival

王爷 wángye | Prince

轮到 lúndào | to be one's turn

满眼杀气 mǎnyǎn shāqì | with an angry look

下人 xiàrén | servant

宫 gōng | palace

奔 bèn | to run quickly

低下 dīxià | to lower

啄 zhuó | to peck

攻击 gōngjī | to attack

攻 gōng | to attack

催 cuī | to urge

亩 mǔ | mu, a unit of area

田 tián | field

一大早 yídàzǎo | early morning

织布 zhībù | to weave

勤快 qínkuài | hardworking

不见 bújiàn | not to be found

练 习

根据文章判断正误

(   ) 1. 王成买了很多只鹑，想靠斗鹑来挣钱。

(   ) 2. 王成养的鹑最后只剩下一只。

(   ) 3. 王爷的玉鹑比王成的鹑厉害。

(   ) 4. 王爷出高价买了王成的鹑。

(   ) 5. 王成回家后，依旧很懒惰。

四　青凤（上）

太原<ruby>耿<rt>Gěng</rt></ruby>家，以前很富，后来变穷了，一间间的房子都空了下来，没人住。这期间，常常出现一些怪事，比如大门会自动打开，自动关闭。家里的人被吓得大叫。耿家的人没办法，只好全家搬到别的地方住，只留下一个老人看门。从此，这里变得更加荒凉，空空的房子里还不时有说笑、唱歌的声音。

耿家有个侄子，名<ruby>去病<rt>Qùbìng</rt></ruby>，不像其他人那么害怕。他跟看门的老人说，再见到什么或者听到什么，就赶紧告诉他。一天夜里，老人看见后面房子的楼上灯光一会儿亮，一会儿暗，连忙跑去找耿去病。耿去病决定上楼去看看到底怎么回事。老人劝他不要进去，他不听。他拨开院子里长得高高的草，走了进去。来到楼上，却没发现什么奇怪的现象。

穿过楼道时，他听见有人在说话，就悄悄走过去，从门缝往里看。只见里面点着一对巨大的蜡烛，照得房间里像白天一样明亮。一个穿着读书人衣服的男

子，对面坐着一个女子，两人看起来四十多岁。男子左边坐着一个二十多岁的小伙子，右边坐着一个十五六岁的姑娘。四个人坐在一起，说说笑笑，桌上摆满了酒菜。

耿去病突然进去，笑着大声说："有客人到了！"屋里的人被他吓了一跳，连忙找地方躲起来。只有四十多岁的男子站出来，不高兴地问："你是谁？怎么随意进别人的房子？"耿去病回答道："这是我家的房子，你们在这里喝酒，竟然连主人都不邀请，是不是太小气了？"男子仔细打量耿去病，说："你不是这里的主人。"耿去病答道："我是主人的侄子。"男子连忙请他入座，叫家人重新摆上一桌酒菜。耿去病说道："咱们也算一家人，大家一起来喝酒吧。"那男子喊了一声"孝儿"，小伙子立刻走过来。男子介绍说："这是我的儿子。"小伙子向耿去病行了个礼，也坐了下来。

耿去病性格豪爽，和他们边喝边聊，聊得很高兴。男子问耿去病："听说你爷爷编过一本《涂山外传》，你知道吗？"耿去病说："知道的。"男子说："我是涂山一族的后人，唐代以前的家谱都没有了，希望公子指教。"耿去病讲了涂山狐女帮助大禹治水的事，他特地夸奖狐女，男子听了非常高兴，对儿子说："今天真幸运，听到了许多过去不知道的事。这位公子不是外人，去叫你母亲和妹妹青凤过来，一起听听。"

注释

涂山 Túshān
中国古代地名，相传4000多年前，大禹在此劈山治水，娶涂山氏为妻。在传说中，涂山氏是灵狐。

大禹 Dà Yǔ
中国传说中的英雄人物，他最有名的故事就是治理洪水。

公子 gōngzǐ
中国古代用来称贵族或者官员的儿子，也可以用来称别人家的儿子，表示尊敬。

本级词：

吓 xià | to scare

劝 quàn | to persuade

悄悄 qiāoqiāo | quietly

只见 zhǐjiàn | to only see

明亮 míngliàng | bright

躲 duǒ | to hide

随意 suíyì | at will

邀请 yāoqǐng | to invite

答 dá | to answer

礼 lǐ | ceremony

超纲词：

荒凉 huāngliáng | desolate

说笑 shuōxiào | to laugh and chat

侄子 zhízi | nephew

拨 bō | to push aside

穿过 chuānguò | to go through

楼道 lóudào | passageway

门缝 ménfèng | a crack between a door and its frame

蜡烛 làzhú | candle

说说笑笑 shuōshuōxiàoxiào | to laugh and chat

酒菜 jiǔcài | wine and food

小气 xiǎoqì | stingy

入座 rùzuò | to take one's seat

豪爽 háoshuǎng | bold and forthright

聊 liáo | to chat

族 zú | clan

后人 hòurén | descendants

家谱 jiāpǔ | family tree

指教 zhǐjiào | to instruct

治水 zhìshuǐ | to prevent floods by water control

夸奖 kuājiǎng | to commend

外人 wàirén | outsider

练 习

根据文章判断正误

（ 　 ）1. 耿家人搬走，是因为家里经常发生怪事。

（ 　 ）2. 耿去病是个胆小的人。

（ 　 ）3. 楼上的灯火一会儿亮，一会儿暗，耿去病被吓跑了。

（ 　 ）4. 耿去病发现屋里一共有四个人。

（ 　 ）5. 中年男子说自己是涂山一族的后人。

青凤（中）

不一会儿，男子的夫人带着青凤出来了。耿去病打量着青凤，只见她身材苗条，有一双明亮的大眼睛，非常漂亮。男子介绍说："这是我的夫人和侄女青凤，青凤很聪明，只要是她听过、看过的，记住了就不会忘。"耿去病又讲了一些历史故事，讲完接着喝酒。他一直看着青凤，青凤发现后，就低下了头。耿去病带着几分醉意，大声说："要是能娶到这么美的女子就好了！"夫人见他喝醉了，就带着青凤出去了。耿去病离开后始终忘不了青凤。第二天夜里，他又去了昨天的房间，但那里空空的，只有满屋子的香气依旧。他坐在那里，等了一夜，还是没有一点儿动静。

为了再见到青凤，耿去病和家人商量，让全家搬过去住，但家人都不同意。他只好一个人住进去，常在楼下读书。一天夜里，他正靠着桌子读书，一个披头散发的鬼跑了进来，脸黑黑的，睁大眼睛瞪着他。耿去病不但不害怕，反而笑起来，用手指在砚台里沾满墨汁，往自己脸上擦，也瞪着鬼看。鬼被看得不好意思，跑走了。

第二天晚上，他吹灭蜡烛，正准备睡觉，忽然听到外面有开门、关门的声音。他连忙去看，发现之前去过的房间的门半开着，房间里亮着烛光。仔细一看，正是青凤在里面。青凤看见耿去病，吓得赶紧关上门。耿去病告诉青凤："我不怕危险搬来这里，就是为了能见到你。"青凤小声回答："你对我的心意，我都明白，但是叔叔反对，我实在不能答应你。"耿去病求她："我只想再见你一面。"

青凤终于开门出来，耿去病高兴地和青凤一同下楼。青凤告诉他："过了今晚，恐怕我们再也无法相见。"耿去病忙问出了什么事。青凤说："叔叔不希望我们在一起，他昨天变成恶鬼来吓你，没想到你不怕，我们只好另找地方。现在大家都在搬东西，留下我在这里看门，等到明天，我也要走了。"

两人正在说话，青凤的叔叔突然出现了，她很害怕，低着头一句话也不敢说。叔叔生气地指责青凤："一个人跑来见男子，不要脸！再不走，我用皮鞭抽你！"青凤哭着离开，叔叔还一直跟在后面大声地骂她。耿去病听到，心里很难过，就大声说："都是我的错，和青凤没有关系！只要你原谅她，让我做什么都行！"然而，没有人理他。终于，房子里什么声音都没有了，耿去病也只好睡觉了。从此以后，这里再也没有发生什么怪事了。耿去病的叔叔听说后，将房子卖给了他。耿去病很高兴，带着家人住了进来。住了一年多，他心里没有一刻不思念青凤。

本级词：

聪明 cōngmíng | clever

醉 zuì | drunk

依旧 yījiù | still

鬼 guǐ | ghost

再也 zàiyě | never again

指责 zhǐzé | to blame

骂 mà | to scold

将 jiāng | used in the same way as 把

超纲词：

苗条 miáotiao | slim

侄女 zhínǚ | niece

醉意 zuìyì | tipsy

娶 qǔ | to marry a wife

忘不了 wàng bu liǎo | can never forget

香气 xiāngqì | fragrance

披头散发 pītóu-sànfà | with hair dishevelled

睁 zhēng | to open the eyes

瞪 dèng | to stare

砚台 yàntái | inkstone

沾 zhān | to be stained with

墨汁 mòzhī | ink

灭 miè | to extinguish

心意 xīnyì | kindly feelings

一面 yímiàn | one encounter

一同 yìtóng | together

恶 è | ferocious

另 lìng | another, other

皮鞭 píbiān | whip, kurbash

原谅 yuánliàng | to forgive

理 lǐ | to respond to someone

一刻 yíkè | a moment

思念 sīniàn | to miss

练 习

根据文章判断正误

（　　）1. 第二天夜里，耿去病又去了昨天的房间，见到了青凤。

（　　）2. 耿去病想娶青凤。

（　　）3. 青凤的叔叔希望青凤和耿去病在一起。

（　　）4. 青凤的哥哥扮成恶鬼，想吓走耿去病。

（　　）5. 耿去病买下房子，带着家人住了进来。

青凤（下）

　　清明节时，耿去病在回家的路上，看见一只猎狗追着两只小狐狸。一只狐狸朝野外跑去，另一只惊慌地在大路上跑。这只狐狸一看到耿去病，就围着他叫，好像在说："请你救救我吧！"耿去病看它可怜，就解开衣服，把它包在怀里带回家。回到家里，他把狐狸放到床上，狐狸突然变成了青凤。

　　耿去病非常高兴，连忙安慰青凤。青凤说："如果没有你，我肯定被恶狗吃了。希望你不要嫌弃我是一只狐狸。"耿去病说："我没有一刻不想你，现在见到你，就像得到了珍贵的宝贝，怎么会嫌弃你呢？"青凤说："这真是天意！如果不是遇到这次危险，我们怎么可能在一起呢！现在，叔叔他们肯定以为我已经死了，我可以放心住在这里，和你白头到老。"耿去病很高兴，赶快找了一间房，让青凤住下。

　　过了两年多，一天晚上，耿去病正在读书，青凤的哥哥孝儿突然走了进来。耿去病放下书本，吃惊地问他怎么会来。孝儿说："我父亲出事了，只有你才能救他。"耿去病问："怎么了？"孝儿说："你认识莫三郎吗？"耿去病回答："认识，他的父亲和我的父亲是好友。"孝儿说："他明天会来这里，如果你看到一只被抓的狐狸，请把它要过来。"耿去病说："当初你父亲骂青凤，我一直记着。要我帮忙，除非青凤来求我。"孝儿流着泪说："青凤死在野外，已经快三年了。"耿去病把衣袖一甩，说："那我就更恨你父亲了！"说完，拿起书本，大声朗读，不再理他。孝儿哭着走了。

耿去病把这件事告诉了青凤。她一听，脸色都变了："你真的不救我叔叔？"耿去病说："当然要救，刚才不答应，只是为了吓吓你哥哥。"青凤说："我从小没有父亲，是叔叔抚养我长大的。他从前那样，也是遵守家规。"

第二天，莫三郎果然来了。他骑着马，带着一大群人。耿去病出门迎接，看见他们带着一只黑狐狸，毛上沾着血。耿去病摸了摸狐狸，发现它身体还是热的。耿去病告诉莫三郎，自己的皮大衣破了，需要狐皮。莫三郎就把黑狐狸送给了他。他转身将狐狸抱去交给青凤。

过了三天，黑狐狸醒过来，变回人身，正是青凤的叔叔。他看到青凤还不敢相信，等到青凤将发生的事情仔细讲完，他很感谢耿去病，请求他的原谅，还说要报答他。耿去病让他们一家搬了过来。从此以后，两家人幸福地生活在一起。

本级词：

可怜 kělián | pitiful	朗读 lǎngdú | to read aloud
除非 chúfēi | only when	遵守 zūnshǒu | to abide by
恨 hèn | to hate	报答 bàodá | to repay

超纲词：

清明节 Qīngmíng Jié | Tomb Sweeping Day

猎狗 liègǒu | hunting dog

野外 yěwài | wilderness

惊慌 jīnghuāng | panic

怀里 huái lǐ | in one's arms

嫌弃 xiánqì | to dislike

天意 tiānyì | the will of Heaven

白头到老 báitóu-dàolǎo | to live together till old age

书本 shūběn | book

出事 chūshì | to have an accident

衣袖 yīxiù | sleeve

甩 shuǎi | to throw away

抚养 fǔyǎng | to raise

家规 jiāguī | family rules

人身 rénshēn | human body

练 习

根据文章判断正误

（　　）1. 耿去病第一次救的那只狐狸是青凤。

（　　）2. 青凤得救后，决定不回家，和耿去病生活在一起。

（　　）3. 青凤的哥哥来找耿去病，因为他知道青凤在这里。

（　　）4. 耿去病从莫三郎手中救下的狐狸是青凤的叔叔。

（　　）5. 耿去病不愿意原谅青凤的叔叔。

第二章 鬼魂的故事

一　叶生

有个姓叶的书生，他的文章和诗都写得很好，但是运气却不好，多次参加科举考试，都失败了。丁乘鹤来到这里做县令，他很欣赏叶生的文章，便鼓励他继续努力，还不时给他提供一些生活上的帮助。没想到，又一次的乡试结果出来，叶生还是没有考中。他失去了信心，每天在家，不吃不喝，人一下子瘦了好多。丁县令听说这件事后，专门去安慰他，还提出自己去京城的时候，带着他一起去。叶生十分感激，但没多久，就生了重病，吃了很多药，一点效果都没有。这时，丁县令因为得罪上级，失去了工作，不得不离开。他写信给叶生，说："我尚未离开，是等着你一起走啊！你若早上来，我们晚上就出发。"叶生看完信，流着眼泪对送信的人说："我病重，请大人先行吧。"丁县令还是不愿意离开，想再等等。

过了几天，叶生突然来了。丁县令很高兴，连忙出来迎接他。叶生说："因为我的病，让大人等了这么久，实在惭愧。我愿意跟随大人。"丁县令带着叶生回到家乡，让他给儿子做老师。丁公子参加乡试前，叶生把自己能想到的题目都拿出来，教他写。会试时的题目都让叶生猜到了，丁公子因此得了第二名。丁县令对叶生说："你教我儿子，他都能考中，你却一直考不中，太不公平了。"叶生说："这大概就是我的命运吧。还好因为大人的帮助，大家知道我考不中不是因为我没有能力，这就够了。再说，我有大人您这样一位知己，这一生也就没有遗憾了。"

丁县令鼓励叶生继续考，但见到他很不快乐的样子，也就不再勉强他，便让他陪儿子一起去京城。丁公子考中了进士，被派到礼部做官，叶生一直跟着他。又过了一年，叶生参加在京城的乡试，结果考中了！收到消息时，他正陪着丁公子在江南一带出差。这里离叶生的家乡不远。丁公子就对他说："先生赶快回家看看吧，告诉家人这个好消息！"叶生高兴地坐着马车回去了。

他回到家中，见到家里的院子又破又旧，心里很悲伤。叶生的妻子正好走出来，见到他，吓得回头就跑。叶生吃惊地问："怎么三四年不见，你就不认识我了？我考中举人了！"妻子站得远远的，对他说："你已经死了很久了，怎么考中举人呢？你看，因为家里太穷，没钱葬你，你的棺材还放在家里呢。你不要出来吓我们。我们马上找个地方好好葬你！"叶生听完，不敢相信自己的耳朵。他慢慢走进房间，看见眼前的棺材后，就倒在地上，消失了，只剩衣服、帽子、鞋散落在地上。妻子惊呆了，过了好一会儿，她抱起叶生的衣服，伤心地哭起来。儿子回家，见门口停着马车，就问赶车的人："你们是谁，从哪里来？"他听说是父亲回来了，吓坏了，急忙跑去告诉母亲。叶生的妻子擦干眼泪，仔细询问赶车的人，才知道事情的经过。丁公子听说这件事后，亲自去叶生家里，为他安排丧事，又为叶生的儿子请了有名的老师，教他读书。

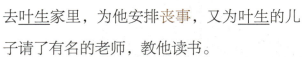

注释

科举考试 kējǔkǎoshì

中国古代最重要的考试，用来选拔官员。科举考试分为院试、乡试、会试和殿试四个等级。通过院试的人，称为秀才；通过乡试的人，称为举人；通过会试的人，称为贡士；通过殿试的人，称为进士。

礼部 lǐbù

中国古代管理国家祭祀、庆典，接待外宾，负责科举考试、学校事务的部门。

本级词：

欣赏 xīnshǎng | to appreciate

鼓励 gǔlì | to encourage

瘦 shòu | thin

猜 cāi | to guess

得了 déle | to obtain

陪 péi | to accompany

一带 yídài | area

出差 chūchāi | to go away on a business trip

回头 huítóu | to turn round

耳朵 ěrduo | ear

呆 dāi | dumb

询问 xúnwèn | to inquire

超纲词：

魂 hún | soul

感激 gǎnjī | to feel grateful

得罪 dézuì | to offend

尚未 shàngwèi | not yet

若 ruò | if

先行 xiānxíng | to go ahead of the rest

惭愧 cánkuì | ashamed

再说 zàishuō | besides

知己 zhījǐ | bosom friend

遗憾 yíhàn | regret

勉强 miǎnqiǎng | to manage with an effort

葬 zàng | to bury

棺材 guāncai | coffin

散落 sànluò | to fall scattered

赶车 gǎnchē | to drive a cart

丧事 sāngshì | funeral

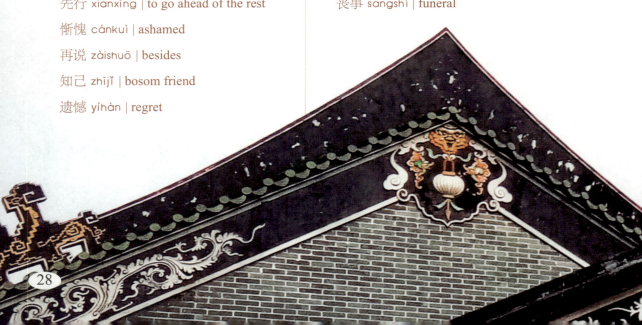

练 习

根据文章判断正误

（　　）1. 叶生多次参加科举考试，都失败了，原因在于他能力不够。

（　　）2. 丁县令很欣赏叶生，离开时希望叶生跟随他。

（　　）3. 叶生一直跟在丁县令身边，做他的助手。

（　　）4. 丁县令的儿子会试时考了第二名。

（　　）5. 叶生的妻子见到他回家，很吃惊，因为他们多年不见。

二 画皮（上）

　　太原有个姓王的书生，一天早上出门，在路上遇见一个年轻的女子。女子长得很美，独自背着一个大大的包，走得很吃力。王生走过去问道："你为什么这么早一个人赶路呢？"女子答："你解决不了我的问题，何必多问？"王生还是不放心，接着说："你有什么困难就说出来，也许我能帮你呢！"女子的脸上露出悲伤的神情："父母把我卖到有钱的人家。那家的女主人每天不是打就是骂，我实在受不了，打算逃走，却也不知道该去哪里。"王生就说："我家就在附近，你愿意的话，就到我家住吧。"女子高兴地答应了。

　　于是，王生带着女子回了家。女子见房间里一个人都没有，就问："你没有家人吗？"王生回答："我有家人，这里只是书房。"女子说："这地方真好，请帮我保守秘密，别告诉其他人。"王生把女子藏在书房里，过了好久都没有人发现。

一天，王生上街买东西，路上遇见一位道士。道士见到王生，很吃惊，便拦住他，上上下下地看了好一会儿，问道："你最近遇见什么了？"王生回答："没有啊！"道士不相信："你全身都笼罩着邪气，怎么说没遇到什么？"王生很不高兴，觉得道士在骗自己："我真的什么都没有遇到！"道士转身走了，边走边说："真不能理解，都快死了还不明白，世界上怎么会有这样的人！"王生听到，便对那个年轻的女子产生了怀疑，心想："那么漂亮的姑娘，不会是妖怪吧？"

他回到家，就去见女子。走到书房，发现门关着，根本进不去。他悄悄走到窗边，只见一个脸色发绿、长牙尖尖的恶鬼，正把一张人皮铺在床上，然后拿起笔在人皮上画，画完后，将人皮披在身上。很快，恶鬼变成了美女。王生见此，吓得转身就跑，边跑边叫："道长，救命！道长，救救我！"他到处找道士，找了好久，终于在野外找到了。他跪在地上请道士救命。道士说："我帮你把它赶走吧。"道士把自己的拂尘递给王生，让他把拂尘挂在门上。这样，恶鬼就不敢靠近了。

王生不敢再回书房，就睡在卧室里，把道士的拂尘挂在门口。半夜，门外传来声音，他吓得头也不敢抬。恶鬼看见拂尘，不敢进来，在那里生气地走来走去，好一会儿才离开。过了一会儿，它又来了，口中骂着道士："死道士，还敢吓我！到嘴的食物我是不会吐出来的！"它走上前，把拂尘撕烂，冲进房间，撕开王生的胸口，掏出他的心逃走了。王生的妻子过来看时，王生已经停止了呼吸。他的妻子吓得哭不出声来，让弟弟去找道士。

本级词：

吃力 chīlì | strenuous

神情 shénqíng | expression

披 pī | to drape

递给 dìgěi | to hand over

靠近 kàojìn | to approach

抬 tái | to lift

吐 tǔ | to vomit

烂 làn | broken

呼吸 hūxī | respiration

超纲词：

背着 bēizhe | to carry on the back

赶路 gǎnlù | to hurry on with one's journey

何必 hébì | there is no need

露出 lòuchū | to show

书房 shūfáng | study

保守 bǎoshǒu | to keep

藏 cáng | to hide

道士 dàoshi | Daoist

拦 lán | to block

上上下下 shàngshàngxiàxià | from top to bottom

笼罩 lǒngzhào | to enshroud

邪气 xiéqì | evil spirit

妖怪 yāoguài | monster

尖 jiān | pointed

铺 pū | to lay

道长 dàozhǎng | Daoist priest

救命 jiùmìng | to save sb's life

跪 guì | to kneel

拂尘 fúchén | horsetail whisk

撕 sī | to tear

胸口 xiōngkǒu | chest

掏 tāo | to draw out

练 习

根据文章判断正误

（　　）1. 王生见到一个年轻的女子独自赶路。

（　　）2. 年轻的女子觉得王生能帮助自己解决问题。

（　　）3. 王生带女子回家，并且把这件事告诉了家人。

（　　）4. 王生一开始不相信道士说的话。

（　　）5. 年轻的女子其实是恶鬼。

画皮（下）

　　道士来到王家，到处看了看，问王生的弟弟："南边是谁的家？"王生的弟弟回答说："是我家。"道士说："恶鬼就在你家。你去问一问，今天有没有陌生人去过你家。"王生的弟弟问完回来，告诉道士："早上有个老婆婆来我家，想在我家帮忙做事。我妻子没有答应，她现在还没有离开呢。"道士听完，立刻去了南边的院子。他站在院子中间，手上拿着一把木剑，大声喊道："恶鬼，还不赶快出来！"老婆婆从屋子里冲出来，想逃走。道士追上前，用木剑刺去。老婆婆倒在地上，人皮掉落，变成了恶鬼，在地上不停地叫着。道士砍下恶鬼的头，恶鬼慢慢变成了烟。道士取出一个葫芦，把烟收进去，然后把葫芦口塞住，放进袋子里。看到掉落的人皮，道士弯下腰捡起来，也装进了袋子里。正打算离开时，王生的妻子跪在道士面前，求他救自己的丈夫。道士告诉她："我的法术不够，不能把死人救活。街上有个疯子，他能做到，你去求他。"

　　王生的妻子来到街上，见到有个疯子，正在路上唱歌，全身很脏，行人都躲得远远的。王生的妻子把自己丈夫被恶鬼杀死的事告诉了他，请他救活自己的丈夫。疯子大笑道："世上的男人都可以做你的丈夫，你为什么一定要救一个死人呢？"王生的妻子伤心地哭着，请他一定要救丈夫。疯子又笑了："让我看看，你的心有多坚定！"他突然拿起手中的棍子，打在王生妻子的背上。她痛得说不出话来，但想起道士的话，便一动也不动。过了一会儿，疯子又吐出一口浓痰，让王生的妻子吞下去。她忍住恶心吞

了进去。疯子哈哈哈笑着："真是善良的女人啊！"说完就走了。

　　王生的妻子见疯子头也不回地走了，回到家中，伤心地哭了："我受了这么多苦，还是没救活丈夫。"哭着哭着，突然觉得恶心想吐，结果吐出来的东西自动掉进丈夫的胸口。她吃惊地发现，那是一颗人心。这颗心在丈夫的胸口跳着，散发出一阵阵热气。她用手捂住丈夫的胸口，发现热气仍不断地冒出来。她连忙撕了一块布，把丈夫的伤口包起来。她用手摸了摸丈夫的身体，发现身体已经有温度了。到了半夜，可以听见丈夫微弱的呼吸声。天亮时，王生苏醒过来了，他说："我好像做了一个梦，胸口疼得厉害。"妻子看了看丈夫的胸前，那里只有一个很小的伤口。很快，王生就康复了。

本级词：

不停 bùtíng | without stop	颗 kē | usually for anything small and roundish
坚定 jiāndìng | steadfast	冒 mào | to emit
忍 rěn | to endure	

超纲词:

陌生 mòshēng | strange

剑 jiàn | sword

刺 cì | to stab

掉落 diàoluò | to fall away

砍 kǎn | to chop

葫芦 húlu | gourd

塞 sāi | to stuff

疯子 fēngzi | lunatic

棍子 gùnzi | stick

痰 tán | phlegm

吞 tūn | to swallow

散发 sànfā | to emit

一阵阵 yízhènzhèn | intermittently

热气 rèqì | hot air

捂 wǔ | to cover

伤口 shāngkǒu | wound

微弱 wēiruò | faint

苏醒 sūxǐng | to come round

康复 kāngfù | to recover one's health

练 习

根据文章判断正误

（　　）1. 王生弟弟家中的老婆婆是恶鬼变的。

（　　）2. 道士施展法术，杀死了恶鬼。

（　　）3. 道士能救活王生。

（　　）4. 疯子羞辱王生的妻子是为了看她是否真心。

（　　）5. 王生妻子吐出来的东西变成了一颗心。

三　促织（上）

　　明朝的时候，官中流行斗蟋蟀的游戏，所以每年要向民间征收大量的蟋蟀。陕西华阴的县令献上了一只蟋蟀。这只蟋蟀非常厉害，每次都能打赢。上司很高兴，便命令他每年都要献蟋蟀。其实，华阴这个地方蟋蟀很少，县令为了完成任务，就把这件事交给各个村的村长，村长又把任务交给下面的村民。村民们捉不到蟋蟀，完成不了任务，就要被惩罚，只好花钱去买。于是，蟋蟀的价格越来越贵。有时，村民为了买一只蟋蟀，可能要花光家里所有的钱。

　　县里有个书生，叫成名，多次参加科举考试，都没有考中。他很老实，不擅长和人交流。他们村里没人愿意做村长，他就被选上做了村长。这一年，正好由他负责征收蟋蟀。他不想为难老百姓，自己又没钱买，所以每天都很忧愁。他的妻子说：“你愁死了也没用，还不如自己去捉。也许运气好，能抓到一只呢。”成名觉得妻子说得有道理，于是他每天很早出门，很晚回来，提着笼子，去墙边、草地中寻找，可什么方法都用了，他始终没抓到合适的蟋蟀。有时，遇到一两只，却又小又弱，不符合要求。很快，到了交蟋蟀的时间。成名交不出来，被县令打了一百大板，每天躺在床上，觉得人生看不到希望，一心想自杀。

　　这时，村里来了一个神婆，据说能解决一切难题，很厉害。成名的妻子就带着钱去找她。神婆的屋子里有个小房间，外面挂着帘子，帘子外放着一个小桌子，桌子上摆着一个香炉。神婆让成名的妻子先点燃香，插在香炉里，然后跪在地上连续拜两次。神婆在一旁祈祷，嘴巴一张一合，不知道在说些什么。成名的妻子恭敬地听着，一动也不敢动。过了一会儿，一张纸从帘子里飞出来，成名的妻子拿起来一看，纸上是一幅画。上面画着一座寺庙，寺庙后面小山下的草地上有很多形状奇怪的石头，一只青色的蟋蟀藏在那里，旁边还有一只蛤蟆，好像要跳起来一样。成名的妻子看了又看，不明白是什么意思。但是见到画上有蟋蟀，就将纸带回家给成名看。

成名看着画，觉得画上的景色与村子东边的寺庙很像，心想：这是告诉我去那里捉蟋蟀吗？他拿着画，来到村子东边的寺庙。见到草地里有一座坟墓，他就顺着坟墓往前走，只见前面的石头一层一层的，跟画中的一模一样。成名就在草地里慢慢走着，仔细寻找，找了半天还是没见到蟋蟀。突然，一只蛤蟆跳了出来。成名很吃惊，急忙去追。蛤蟆钻进了草地，旁边正好有一只蟋蟀！他用手一抓，蟋蟀钻进了洞里。他用草尖刺，又往洞里倒水，蟋蟀才出来。这只蟋蟀很大，青色的脖子，金色的翅膀，尾巴长长的。成名非常高兴，将蟋蟀装进笼子里提回家。全家人高兴地庆祝，把它看得比什么都珍贵，养在盆子里，喂最好的食物，只等时间到了，送到县令那里。

本级词：

献 xiàn | to offer

为难 wéinán | to make things difficult for sb

愁 chóu | to worry

自杀 zìshā | to commit suicide

幅 fú | a measure word (for paintings, photos, cloth, etc.)

盆 pén | basin

超纲词：

蟋蟀 xīshuài | cricket

征收 zhēngshōu | to levy

上司 shàngsi | superior

捉 zhuō | to capture

惩罚 chéngfá | to punish

擅长 shàncháng | to be good at

忧愁 yōuchóu | to be worried

一心 yìxīn | whole-heartedly

神婆 shénpó | witch

帘子 liánzi | curtain

香炉 xiānglú | censer

拜 bài | to bow

一旁 yìpáng | one side

祈祷 qídǎo | to pray

恭敬 gōngjìng | respectful

寺庙 sìmiào | temple

青色 qīngsè | cyan

蛤蟆 háma | toad

坟墓 fénmù | grave

顺着 shùnzhe | along

一模一样 yì mú yí yàng | exactly the same

钻 zuān | to bore

草尖 cǎojiān | grass tip

脖子 bózi | neck

翅膀 chìbǎng | wing

练 习

根据文章判断正误

（　　）1. 村民们抓不到蟋蟀，只能花很多钱去买。

（　　）2. 成名被选为村长，因为他能力出众。

（　　）3. 成名一直努力抓蟋蟀，虽然没有抓到，但是县令很满意。

（　　）4. 神婆给成名妻子的画没有意义，是骗她的。

（　　）5. 成名最终抓到了一只很大的蟋蟀。

促织（下）

成名有个九岁的儿子，很顽皮，他偷偷打开盆盖去看蟋蟀，蟋蟀一下子跳了出来，他赶快去抓，等抓到蟋蟀时，发现蟋蟀死了。孩子害怕了，哭着去找母亲。母亲一听，吓得脸都白了，骂道："你要害死我们全家啊！等你父亲回来，看他怎么惩罚你！"孩子哭着跑走了。

过了一会儿，成名回到家，听说此事，就像冬天洗了冰水澡一样，浑身发抖。他生气地出门去找儿子，可是找了好久，也没找到。邻居们帮着一起找，最后，在井里发现了孩子的尸体。夫妻两个人立刻转怒为悲，哭得嗓子都哑了。两人对着发呆，什么也不想做，饭也不想吃，默默地坐在地上。过了很久，两人才想起来要把孩子葬了。成名抱起孩子时，竟然发现他还有微弱的呼吸，两人高兴地把儿子放到床上。夜里，孩子醒了，呆呆地看着他们。夫妻二人松了一口气，但看到空空的蟋蟀笼子，又觉得生活没有希望。

等到太阳升起，夫妻二人仍然躺在床上，不知道该怎么办。突然，门外传来蟋蟀的叫声。成名赶快起来，以为那只蟋蟀还活着，高兴地去捉。可这蟋蟀太灵活，很难捉。他用手盖住它，手刚抬起来，蟋蟀就逃走了。他赶快去追，到处寻找，这时见墙壁上趴着一只蟋蟀。走过去看，蟋蟀身体小小的，黑红色，并不是以前那只。成名正准备离开时，蟋蟀跳到了他身上。他仔细一看，蟋蟀长着梅花形状的翅膀，脖子长长的，看起来很特别。他想把这只蟋蟀献上去，又怕县令不满意，就想让这只蟋蟀先和别的蟋蟀斗一斗看看。

村中有个少年，养了一只蟋蟀，很厉害，每次和别的蟋蟀斗，没有输过。这天，少年来找成名，看到他养的那只小蟋蟀，哈哈大笑起来。成名见少年的蟋蟀，个头大，很强壮，不敢让小蟋蟀去斗。少年再三请求。成名想：如果小蟋蟀不行，养着也没用，还不如试一试。两人把自己的蟋蟀放到同一个盆子里，让它们斗。成名的小蟋蟀趴着一动不动，样子傻傻的。少年大笑着拿猪毛一次又一次去逗小蟋蟀，小蟋蟀突然生气了，冲过去咬少年的蟋蟀，它跳得很高，叫得很

响，一下子咬住了对手的脖子。少年吃了一惊，连忙把它们分开。小蟋蟀拍打着翅膀，骄傲地对成名叫着。就在这时，跑过来一只鸡，要啄它。成名吓得大叫，还好小蟋蟀跳走了。鸡又追上去，抓住了小蟋蟀。成名慌了，不知道怎么办。转眼间，只见鸡伸着脖子，很难受的样子。成名走近一看，结果小蟋蟀趴在鸡的头上，紧紧咬着它。成名开心地把小蟋蟀放到笼子里。

第二天，他把小蟋蟀献给县令。县令见到这么小的蟋蟀，很生气，要再打他一百大板。成名连忙解释道："大人，您别看它小，但很厉害，连鸡都怕它！"县令不相信，找来别的蟋蟀和它斗，结果，所有的蟋蟀都被打败了！又让它与鸡斗，鸡也败了！县令很高兴，把这只小蟋蟀献给了上司。上司还专门做了个金笼子，把小蟋蟀放进去，献给皇帝。小蟋蟀进宫后，将其他地方献上的蟋蟀全打败了。每次听到琴声，小蟋蟀还能跟着跳舞。皇帝非常高兴，奖赏了县令和县令的上司。成名也因此进了县里的学堂教书，生活得到了很大的改善。

过了一年多，成名的儿子恢复了意识，说自己变成了一只小蟋蟀，打败了所有的对手，现在才真正醒过来。

本级词：

害 hài | to do harm to

邻居 línjū | neighbor

墙壁 qiángbì | wall

傻 shǎ | stupid

咬 yǎo | to bite

慌 huāng | flustered

伸 shēn | to stretch

紧紧 jǐnjǐn | tightly

琴 qín | a traditional Chinese musical instrument

恢复 huīfù | to recover

意识 yìshí | consciousness

超纲词：

顽皮 wánpí | naughty

浑身 húnshēn | all over the body

发抖 fādǒu | to tremble

井 jǐng | well

尸体 shītǐ | corpse

怒 nù | anger

嗓子 sǎngzi | throat

哑 yǎ | dumb

发呆 fādāi | to stare blankly

灵活 línghuó | nimble

趴 pā | to lie on one's stomach

梅花 méihuā | plum blossom

强壮 qiángzhuàng | strong

同 tóng | be the same

一动不动 yídòng-búdòng | to keep one's body
　　　　　　　　　　　　　unmoved

逗 dòu | to amuse

骄傲 jiāo'ào | proud

转眼间 zhuǎnyǎnjiān | in an instant

走近 zǒujìn | to step closer

奖赏 jiǎngshǎng | to reward

学堂 xuétáng | school

练 习

根据文章判断正误

（　　）1. 成名的儿子扑蟋蟀时，太用力，把蟋蟀弄死了。

（　　）2. 成名和妻子知道儿子弄死蟋蟀这件事后，并不生气。

（　　）3. 成名的儿子醒了，但是呆呆的，不和父母说话。

（　　）4. 成名找到一只蟋蟀，虽然小，但是很厉害。

（　　）5. 成名献给县令的小蟋蟀，是儿子变的。

四　聂小倩（上）

浙江有个书生叫宁采臣（Níng Cǎichén）。有一次，他去金华，来到一座寺庙休息。寺庙好像很久都没有人来过，里面的草长得比人还高。东西两边的房子都开着门，只有南边一个小房子是关着门的，门上的锁看起来比较新。大殿的东边有片竹林，大殿东侧台阶下，是一个大池塘，池塘里开满了荷花。宁采臣很喜欢这里的环境，想借住一段时间。

太阳落山的时候，来了一个书生。宁采臣上前，告诉书生自己想借住在这里。书生说："这些房子都没有人住，我也是暂时住在南边的房子里。你要是愿意住在这里，我们一起讨论学问，那就太好了。"宁采臣很高兴。他挑了一间房，找来很多草，铺在地上当床，又用几块木头做了个桌子，用来读书。晚上，宁采臣和那个书生在走廊下聊天。书生说："我叫燕赤霞（Yān Chìxiá）。"宁采臣问他是哪里人，书生回答："陕西人。"聊了一会儿，两人各自回房睡觉了。

宁采臣因为住到新地方，不太适应，便很久都没有睡着。忽然，听到房子北面有人在小声地说话。他起来，躲到北墙石头窗下偷偷往外看。只见矮墙外面

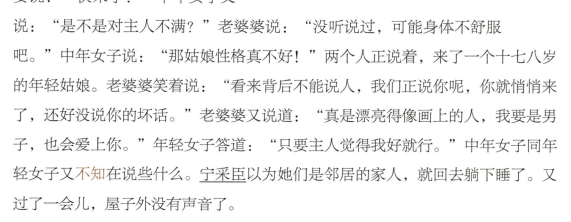

的院子里站着一个四十多岁的中年女子，还有一个老婆婆，穿着暗红色的衣服，弯着腰。中年女子说："小倩怎么这么久还不来？"老婆婆说："快来了！"中年女子又说："是不是对主人不满？"老婆婆说："没听说过，可能身体不舒服吧。"中年女子说："那姑娘性格真不好！"两个人正说着，来了一个十七八岁的年轻姑娘。老婆婆笑着说："看来背后不能说人，我们正说你呢，你就悄悄来了，还好没说你的坏话。"老婆婆又说道："真是漂亮得像画上的人，我要是男子，也会爱上你。"年轻女子答道："只要主人觉得我好就行。"中年女子同年轻女子又不知在说些什么。宁采臣以为她们是邻居的家人，就回去躺下睡了。又过了一会儿，屋子外没有声音了。

　　他刚要睡着，听见有人走了进来，连忙起来。没想到是那个年轻的女子。宁采臣吃惊地问她来干什么。女子回答："晚上睡不着，希望和你在一起。"他严肃地拒绝了。女子又说："这么晚了，没有人会知道。"宁采臣大声说道："快走！不然我就不客气了！"女子犹豫了一下，走了。刚走出门又回来，把一块金子放在草床上。他拿起来扔到屋子外的台阶上，说："把你的钱拿回去，不要脏了我的口袋！"女子脸红了，捡起金子走了。

　　第二天早上，又来了一个书生，带着下人，住进东边的房子里。夜里，这个书生突然死了。他的脚底有一个小洞，血慢慢地往外流。大家都不知道怎么回事。第三天夜里，他的下人也死了，死后的样子和书生完全一样。燕赤霞认为是鬼干的，宁采臣却不相信。

本级词：

用来 yònglái | to be used for

犹豫 yóuyù | to hesitate

扔 rēng | to throw

超纲词：

锁 suǒ | lock

大殿 dàdiàn | main hall

竹林 zhúlín | bamboo forest

池塘 chítáng | pond

荷花 héhuā | lotus

走廊 zǒuláng | corridor

不知 bùzhī | to not know

金子 jīnzi | gold

练 习

根据文章判断正误

(　　) 1. 宁采臣想在寺庙借住，因为那里的环境很安静。

(　　) 2. 寺庙里没有书生借住。

(　　) 3. 那个年轻的姑娘长得很漂亮。

(　　) 4. 那个年轻的姑娘夜里来找宁采臣，他很高兴。

(　　) 5. 寺庙里连续有两个人被杀。

聂小倩（中）

到了半夜，那年轻女子又来了，她对宁采臣说："我见的人多了，没见过像你这样正直的。我叫聂小倩，十八岁就死了，葬在寺庙旁边，被恶鬼逼着做坏事。如今寺庙中没有其他可杀的人了，恐怕他们要来害你了！"宁采臣害怕了，问她该怎么办。女子说："你和那个燕赤霞住在一起，他们就不敢来害你了。"宁采臣问："你为什么不害燕赤霞呢？"小倩回答："他有特殊的能力，我不敢靠近。"他又问："你怎么害其他人的呢？"小倩说："和我亲热的人，我就偷偷用锥子刺他的脚。等他昏过去，我就取他的血，献给恶鬼喝；或者送给他金子，但那不是真的金子，而是鬼骨，要是有人拿了它，那个人的心就会被取出来。"宁采臣又问："他们什么时候会来害我呢？"小倩回答："明天晚上。"

说完，又流着泪请求："我一直活得很苦，希望你能救我。请把我的尸骨装起来带走，葬在安静的地方。"宁采臣点点头："放心，我一定帮你。请问你葬在什么地方？"小倩说："埋葬我的地方，有棵白杨树，树上有很多乌鸦。"说完，走出门去，一下子消失了。

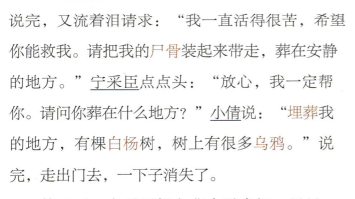

第二天，宁采臣担心燕赤霞出门，早早地把他请来，还说想和他一起住。燕赤霞先是拒绝，说自己喜欢一个人住。宁采臣不听，硬把燕赤霞的行李搬来自己房里。燕赤霞没办法，只好同意，并且告诉他："我知道你人很好，愿意和你交朋友。只是你千万不要打开我的箱子。"宁采臣答应了。说完，燕赤霞把箱子放在窗台上。晚上，燕赤霞往草床上一躺，很快睡着了。宁采臣睡不着，在草床上翻来翻去。到了深夜，窗外有个影子停在窗口。宁采臣正要叫醒燕赤霞，突然，有个东西从箱子里飞出来，闪着光，飞向窗外，很快又飞回到箱子里，像闪电一样熄灭了。燕赤霞醒了，搬过箱子，从里面拿出一件东西，对着月光仔细查看。只见那东西闪着白色的光，有手指那么长，韭菜叶子那么宽。燕赤霞看完，把它包起来，放进箱子里。宁采臣吃惊地问："这是什么东西？我刚才看到窗外有影子，它飞了出去。"燕赤霞回答："其实，我是个剑客。这是一把剑，刚才窗外来的是恶魔，被它刺中了，剑上有恶魔的气味。"宁采臣十分佩服他。天亮后，宁采臣去窗外查看，窗户上真的有血。

　　宁采臣想起小倩的请求，出门寻找，在寺庙北边发现了许多坟墓。其中一座坟墓旁有棵白杨树，树上很多乌鸦在叫。宁采臣把小倩的尸骨取出来包好，准备带回家。临走前，宁采臣和燕赤霞告别，燕赤霞送给他一个袋子，说："这是剑袋，带着它，就不怕任何恶鬼接近。"宁采臣谢过燕赤霞，租了一条船回家了。

本级词：

硬 yìng | forcibly

超纲词：

正直 zhèngzhí | honest	白杨 báiyáng | white poplar
逼 bī | to force	乌鸦 wūyā | crow
坏事 huàishì | evil deed	深夜 shēnyè | late night
亲热 qīnrè | to make out with	查看 chákàn | to check
锥子 zhuīzi | bodkin	韭菜 jiǔcài | Chinese leek
昏 hūn | to faint	剑客 jiànkè | swordsman
尸骨 shīgǔ | dead bones	气味 qìwèi | smell
埋葬 máizàng | to bury	临 lín | to happen just before

练习

根据文章判断正误

（ 　 ）1. 聂小倩是女鬼，死后被恶鬼控制。

（ 　 ）2. 聂小倩第二次来找宁采臣是为了提醒他，恶鬼要杀他。

（ 　 ）3. 聂小倩希望宁采臣找到她的尸骨带走，葬在安静的地方，宁采臣拒绝了。

（ 　 ）4. 宁采臣请燕赤霞和他一起住，是因为燕赤霞能保护他。

（ 　 ）5. 燕赤霞的箱子里装的是书。

聂小倩（下）

宁采臣的书房靠着一片无人的田野，他就把小倩葬在了离书房很近的地方。他举起酒杯，对着小倩的坟墓说："请你喝杯酒，你一个人太孤独了，葬在我家的旁边，我们做个伴，以后那些恶鬼再也不敢欺负你了。"准备回去时，他听到有个女子在身后喊他："请等等，我和你一起走！"宁采臣回头一看，居然是小倩！小倩高兴地说："谢谢你救我出来，请带我回去，我愿意用一辈子来报答你。"宁采臣带着小倩回到了家，并将小倩的事情告诉了母亲。母亲吓坏了，不敢和她说话。小倩走上前，温柔地对母亲说："我来这里是为了报恩。您不要害怕，请让我留下来。时间长了，您会明白我的心。"母亲见她态度诚恳，就答应了。

小倩每天细心照顾宁采臣的母亲，处理家务。时间一长，母亲也就渐渐不怕她了。小倩每次经过宁采臣的书房，想进去，却又退了回来，在门外站着，好像很害怕。宁采臣发现了，就问她："怎么了？"小倩回答："屋子里有剑气，我不敢进去。之前你带我回来，一路上我没有出来见你，也是这个原因。"宁采臣

明白是那个剑袋，就取下来挂到别的屋子里，小倩才敢进去。

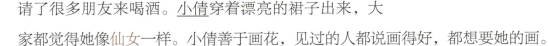

自从小倩来了以后，宁采臣母亲的身体越来越好，待她也一天比一天亲热，慢慢不在乎她是鬼了。小倩刚来的时候，不吃不喝，半年后，开始喝汤了。宁采臣和母亲都很爱护她，从不说她是鬼，别人也不知道她真正的身份。母亲渐渐地接受了小倩，让她和宁采臣结婚。宁采臣很高兴，请了很多朋友来喝酒。小倩穿着漂亮的裙子出来，大家都觉得她像仙女一样。小倩善于画花，见过的人都说画得好，都想要她的画。

宁采臣和小倩过着平静而幸福的生活。突然有一天，小倩低头靠在窗前，看起来很担心，似乎在害怕什么。她问宁采臣："剑袋在哪儿？"宁采臣说："因为你害怕，一直放在别的屋子里。"小倩说："我和人在一起很长时间了，现在不害怕了。你拿来挂在床边吧！"宁采臣问："发生什么事了？"小倩说："我这几天心里很不安，以前的恶鬼可能会找到这里来。"宁采臣连忙把剑袋拿过来，小倩拿在手里看了又看："这个剑袋这么破旧，应该杀了不少恶鬼。希望它能帮到我们。"说完，小倩就把剑袋挂在床头。第二天，她又把它移到门上。到了晚上，她点起蜡烛，坐在桌前，让宁采臣也不要睡。

突然，恶鬼来了，它变成一只恶鸟，两只爪子在门上划出刺耳的声音。看到剑袋，它停了下来。过了一会儿，它去抓剑袋。这时，剑袋突然发出"格"的一声，变大了，变得有两个篮子那么大，有什么东西跳出来，把恶鸟抓了进去。接着，什么声音都没了，剑袋也变回原来的大小。宁采臣吃惊得说不出话来。他们一起往剑袋里看，里面只有一些水。小倩高兴地说："好了！没事了！"

本级词：

居然 jūrán | unexpectedly   一辈子 yíbèizi | all one's life

超纲词：

田野 tiányě	field	亲热 qīnrè	warm
孤独 gūdú	lonely	从不 cóngbù	never
伴 bàn	partner	仙女 xiānnǚ	fairy
欺负 qīfu	to bully	低头 dītóu	to bow one's head
温柔 wēnróu	blandness	破旧 pòjiù	shabby
报恩 bào'ēn	to requite favors	爪子 zhuǎzi	claw
诚恳 chéngkěn	sincere	刺耳 cì'ěr	harsh
细心 xìxīn	careful	格 gé	rattle
待 dài	to treat	篮子 lánzi	basket

练 习

根据文章判断正误

（　　）1. 宁采臣把聂小倩葬在了书房附近的田野里。

（　　）2. 聂小倩又出现了，想伤害宁采臣。

（　　）3. 宁采臣的母亲不知道聂小倩是女鬼。

（　　）4. 聂小倩很不安，因为恶鬼要来找他们了。

（　　）5. 剑袋杀死了恶鬼，救了聂小倩和宁采臣。

第三章 百**妖**的故事

一 画马

山东临清有个姓崔^{Cuī}的书生，家里很穷，连院子里的墙塌了，都没钱修。一天早上，崔生出门，看见一<u>匹</u>马躺在门外的草地上。这匹马皮毛是黑色的，身上长着白色的花纹，尾巴上的毛有长有短，好像被火烧过似的。崔生赶马走："快走吧！去找你的主人！"马走了，但是第二天早上，这匹马竟然又回来了。他赶了它好多次，但是没有用，每次赶走它，晚上它又自己跑回来。

崔生有个好朋友在山西太原，崔生要去找他，但是距离太远，得骑马。崔生想到了门外那匹赶也赶不走的马，就给马装上缰绳，打算骑着它上路。出发前，他还专门告诉家人："如果马的主人来找马，就说我骑着马去太原了。"

马跑得很快，一天跑了一百多里路。到了晚上，在旅馆休息时，崔生喂马吃草料："辛苦了，来，多吃点！"没想到，马转过身去，什么也不吃。第二天，马又跑得飞快，跑了很久，崔生担心它生病，就拉住缰绳，让它停下来休息，马还不高兴，抬头叫着，不停踢着地。崔生只好让它继续跑，比预计早了几天就到了太原。

在太原，崔生经常骑着马上街，路上的人见到，都称赞这是一匹好马。当地有个王爷，非常爱马。下人告诉他："王爷，城里有个书生，他的马是一匹千里马，百年难见。"王爷听完，很心动，想买下这匹马。下人去找崔生，他怕马的主人来找，不敢卖，便拒绝了："真不好意思，这匹马不是我的，等回到家，我得把它还给别人。"

崔生在太原住了半年，写信给家里人，得知没人去找马。他心想："也许这是无主的野马，我还是卖了吧。"崔生就以八百两银子把马卖给了王爷，回到了临清。

后来，王爷有一件急事要办，派一名将军骑着这匹马到临清。刚到临清，马就跑了。将军一路追，追到了崔生的邻居家。将军敲门进去，却不见马。将军又着急又生气，让这家的主人交出马来。主人很委屈："我真的没见过您说的马！也没有马跑进我家里来！"将军不相信，到处寻找。进到主人的房间，发现墙壁上挂着一幅画，画上的马居然和那匹跑走的马长得一模一样！尾巴上的毛也被火烧过。将军这才明白，原来王爷的马就是画中的马！画中的马活了，从画里跑了出来，大家都以为它是真的马。可是，这么奇怪的事告诉王爷，王爷会相信吗？将军担心被王爷惩罚，就让这家主人赔马："我看得清清楚楚，我的马跑进了你家院子，一定是你藏起来了，赶快交出来！不然，就赔给我八百两银子！"主人坚持自己没见过马，两个人吵了起来。崔生知道事情的经过后，决定替邻居赔钱。原来，崔生卖马之后，用得到的钱做生意，生意越做越大，挣了很多钱。邻居很感激崔生，却不知道崔生就是当年卖马的人。

本级词：

匹 pǐ | a measure word (for horses, mules, or other large animals)

辛苦 xīnkǔ | to toil

抬头 táitóu | to lift one's head

城里 chénglǐ | in the town

一路 yílù | all the way

挣 zhèng | to earn

当年 dāngnián | those years

超纲词：

妖 yāo | monster

塌 tā | to collapse

花纹 huāwén | pattern

缰绳 jiāngshéng | halter

草料 cǎoliào | forage

踢 tī | to kick

得知 dézhī | to hear

野 yě | wild

将军 jiāngjūn | general

委屈 wěiqu | to feel wronged

赔钱 péiqián | to compensate

做生意 zuò shēngyi | to run business

练 习

根据文章判断正误

(　　) 1. 崔生家里跑来一匹马，他很高兴，把这匹马当成自己的。

(　　) 2. 这匹马跑得很快，而且什么都不吃。

(　　) 3. 王爷想买这匹马，崔生过了半年才卖。

(　　) 4. 这匹马跑进了崔生的邻居家。

(　　) 5. 马找不到了，是因为崔生的邻居把它藏起来了。

二 小猎犬

Wèi Zhōuzuò
山西卫周祚以前读书的时候，嫌家里太吵，就搬到一座寺庙住。寺庙倒是很安静，没有人打扰他，但是蚊子、苍蝇太多，床上藏着不少臭虫、跳蚤，咬得他整夜睡不着。

一天，吃过饭以后，他躺在床上休息。忽然来了一个小武士，头上插着野鸡羽毛，骑着蚱蜢那么大的马，肩上站着苍蝇大的猎鹰。接着又进来一个小武士，穿着和前一个武士一样，腰上挂着小小的弓箭，牵着蚂蚁大的猎犬。又过了一会儿，冲进来一大群小武士，有步行的、骑马的，都带着猎鹰或猎犬。只要有蚊子、苍蝇飞进来，小武士们就放出猎鹰到空中，杀死它们。小猎犬们则跳到床上，扑到墙上，吃掉跳蚤和臭虫。藏在被子和墙缝里的跳蚤和臭虫全都逃不过小猎犬的鼻子，不一会儿就被杀光了。卫周祚假装睡着，实际上偷偷睁开眼睛看着发生的一切。猎鹰和猎犬在卫周祚身边飞来跑去，接着出现一个小小的人，身穿黄色的衣服，头上戴着王冠，好像是他们的主人。他来到床上，小武士们纷纷献上蚊子、苍蝇、跳蚤和臭虫。主人举起旗帜，大声喊着："任务圆满完成！"很快，主人登上一辆小马车，小武士们骑上马，万马奔驰，卷起一阵烟，不一会儿，走得干干净净。

卫周祚看在眼里，既吃惊又好奇，想知道他们是从哪里来的，连忙穿上鞋，跑到门口看，小武士们却已经消失了。他到处寻找，什么都没看见。突然，传来"汪汪"的叫声，卫周祚一看，地上留下了一只小猎犬。小猎犬很温顺，身上的毛细细的，很软，脖子上还戴着一个项圈。卫周祚摸摸它，把它放在装砚台的盒子里。卫周祚喂它米饭，它闻一闻就跑开了，自己跳到床上，在被子里寻找臭虫和跳蚤，吃饱了再回到盒子里趴着。过了一晚，卫周祚担心它已经走了，就去盒子里看，可小猎犬却依然趴在那儿。此后，它一直睡在卫周祚的床头，陪伴着他，遇到虫子就跳起来咬死。卫周祚非常喜爱它，把它看得比什么都珍贵。

一天，卫周祚白天躺着睡着了，小猎犬悄悄趴在他身边，卫周祚翻了个身，把小猎犬压住了。他感觉身下有什么东西，连忙起来看，小猎犬已经被压扁了。卫周祚非常伤心。不过，屋子里也再没有活着的虫子了。

本级词：

倒是 dàoshì | actually	鼻子 bízi | nose
打扰 dǎrǎo | to disturb	软 ruǎn | soft
肩 jiān | shoulder	盒子 hézi | box

超纲词：

猎犬 lièquǎn | hunting dog	扑 pū | to rush at
嫌 xián | to dislike	缝 fèng | crevice
蚊子 wénzi | mosquito	假装 jiǎzhuāng | to pretend
苍蝇 cāngying | fly	王冠 wángguān | crown
臭虫 chòuchóng | stinkbug	奔驰 bēnchí | to gallop
跳蚤 tiàozao | flea	卷 juǎn | to stir up
武士 wǔshì | warrior	汪汪 wāngwāng | woof
蚱蜢 zhàměng | grasshopper	温顺 wēnshùn | meek
猎鹰 lièyīng | hunting eagle	项圈 xiàngquān | collar
牵 qiān | to pull	陪伴 péibàn | to accompany
蚂蚁 mǎyǐ | ant	扁 biǎn | flat
则 zé | then	

练 习

排序

1. 卫周祚去寺庙读书，每天都被咬得睡不着。

2. 卫周祚翻身时，把小猎犬压扁了。

3. 小猎犬每天寻找臭虫和跳蚤，吃完回盒子里。

4. 小武士带着猎犬和猎鹰杀各种蚊虫。

5. 卫周祚把小猎犬装在盒子里。

6. 一天，卫周祚的房间里跑来很多小武士。

7. 小武士们跟随主人离开。

8. 地上留下一只猎犬。

9. 卫周祚睡着时，小猎犬趴在他旁边。

　　（　　）（　　）（　　）（　　）（　　）（　　）（　　）（　　）（　　）

三　八大王（上）

临洮有个捉鳖的人欠了一个姓冯的书生很多钱，于是每次捉到鳖就送给冯生。有一天，这个捉鳖的人钓到一只特别大的鳖，头上还有白点。冯生觉得这只鳖很特别，就把它放了。

一天，冯生从外面回来，经过河边，遇到一个喝醉的人。那人问他："你是谁？"冯生回答："过路的。"那人听了很生气："什么叫过路的！你没有名字吗？"冯生没有回答，直接往前走。那人更生气了，拉住冯生的袖子不让他走，"不说出你的名字，别想离开这里！"冯生很不耐烦，但是怎么都甩不开这人，就问道："你叫什么名字？"那人满嘴酒气，傲慢地回答："我以前是县令！"冯生"哼"了一声，道："世界上还有你这样的县令！真是可笑！幸好你现在不是了，不然路上的人都要被你杀光了！"喝醉酒的人很愤怒，要打冯生。冯生大声说道："我冯某人可不是说打便打的人！你打我试试！"那人听完，立刻不生气了，高兴地向他行礼："原来是我的恩人啊！刚才酒喝多了，冒犯先生，真不好意思！"冯生吃惊地看着他。他接着说道："我是临洮水边的八大王，先生之前放了我，我一直记在心里。今天遇见您，我要好好地敬您几杯酒，感谢您！"

他带着冯生走了好几里路，来到一个小村子。走进一处院子里，房屋修得很

好，看起来像是有钱人家。不一会儿，丰盛的饭菜就准备好了。八大王和冯生高兴地喝起酒来，一连干了好几杯。冯生怕他再喝醉，就装作已经喝醉，要去休息。八大王笑着说："先生放心，您是我的恩人，我就算喝醉，也不敢对您无礼。"冯生坐下来，认真地劝他："你既然知道喝酒不好，为什么不改过呢？"八大王说："我以前做县令时，成天喝酒，惹怒了天帝，被罚到岛上生活。那之后，我就努力改正。现在我老了，离死不远，人生也没有什么目标，就喝酒消愁。先生既然这么说，我听您的，不再喝酒了。"两人又聊了好久，不知不觉，天快亮了。

冯生站起来告别。八大王从口中吐出一个小人，对冯生说："我们马上就要分别，不知何时才能再见。我将它送给您，算是报答您的大恩。不过这个东西不能在您身上待太久，等您的愿望满足后，要还给我。"

本级词：

欠 qiàn | to owe

不耐烦 bú nàifán | impatient

罚 fá | to punish

待 dāi | to stay

超纲词：

鳖 biē | turtle

钓 diào | to angle

袖子 xiùzi | sleeve

甩 shuǎi | to throw off

傲慢 àomàn | arrogant

哼 hēng | to snort

可笑 kěxiào | ridiculous

行礼 xínglǐ | to salute

恩人 ēnrén | benefactor

冒犯 màofàn | to offend

一连 yìlián | in succession

装作 zhuāngzuò | to pretend

就算 jiùsuàn | even if

无礼 wúlǐ | disrespect

成天 chéngtiān | whole day

惹怒 rěnù | to provoke

岛 dǎo | island

消愁 xiāochóu | to dispel one's worries

不再 búzài | no longer

不知不觉 bùzhī-bùjué | unwittingly

何时 héshí | when

算是 suànshì | can be considered as

练 习

根据文章判断正误

（　　）1. <u>冯生</u>抓到一只特别大的鳖，把它放了。

（　　）2. <u>冯生</u>遇到一个喝醉酒的人，这个人对他很不友好。

（　　）3. 喝醉酒的人是那只鳖变的。

（　　）4. <u>冯生</u>劝<u>八大王</u>不要喝酒，<u>八大王</u>很生气。

（　　）5. <u>八大王</u>和<u>冯生</u>分别时，送给他一件礼物。

八大王（下）

说完，八大王用指甲使劲掐冯生的胳膊，他胳膊上的皮肤疼得好像被刀划开了个口。八大王连忙把小人放上去，小人立刻进入冯生的皮肤里，他的胳膊上长出一个疙瘩。他吃惊地问："这是什么？"八大王笑了笑："先生慢走。"说完就变回一只巨大的鳖，爬回水中。冯生回头看时，刚才见到的村子已经消失了。他看着胳膊，心想，这是不是传说中的"鳖宝"呢？据说，得到鳖宝的人，就会有一双特别的眼睛，能看到所有藏着财宝的地方。

冯生回家以后，看见房间的地下有钱，他拿着锄头去挖，真的挖出好多钱！有一家卖房子的，冯生看见房子下面藏着好多钱，就把房子买了下来。他变得越来越有钱，家里收藏着各种珍宝。他还得到一面神奇的镜子，拿着镜子照人，人的样子就会留在镜子里。冯生听说美丽的三公主会去山上，便事先在她经过的地方等候。等三公主出现时，冯生拿起镜子照了照她，三公主的样子就留在了镜子里，他经常拿出来欣赏。不久，大家都听说，冯生得了一面神奇的镜子，还把三公主的样子藏在了里面。消息传到国王那里，国王很生气，派人把冯生抓起来，要杀了他。冯生请求见国王一面，称："只要您不杀我，我愿意用所有的珍宝来

交换。"国王见到一车又一车的珍宝，心动了，不仅放了<u>冯生</u>，还把<u>三公主</u>嫁给他为妻。

一天，<u>八大王</u>来找<u>冯生</u>，对他说："先生，您的愿望都满足了吗？"<u>冯生</u>点头。<u>八大王</u>接着说："那就好，我送给您的东西，要收回了。这东西待在您身上时间久了，会减少您的寿命。"<u>冯生</u>答应了，想留他一起喝酒。<u>八大王</u>拒绝了："自从听了您的劝告，我已经三年没有喝过酒了。"说完，<u>八大王</u>用牙咬了咬<u>冯生</u>的胳膊，<u>冯生</u>痛得流出了眼泪，同时发现胳膊上多出来的东西消失了。从此，<u>冯生</u>又变得和普通人一样了。

本级词：

指甲 zhǐjia | fingernail	神奇 shénqí | miraculous
皮肤 pífū | skin	等候 děnghòu | to wait

超纲词：

掐 qiā | to pinch	珍宝 zhēnbǎo | treasure
胳膊 gēbo | arm	公主 gōngzhǔ | princess
疙瘩 gēda | a swelling on the skin	国王 guówáng | king
财宝 cáibǎo | treasure	称 chēng | to say
锄头 chútou | hoe	嫁 jià | (of a woman) to marry
挖 wā | to dig	寿命 shòumìng | lifespan
收藏 shōucáng | to collect	劝告 quàngào | counsel

练 习

根据文章判断正误

（　　）1. 八大王送给冯生的小人，钻到他的胳膊里。

（　　）2. 冯生得到礼物后，能看到所有藏着财宝的地方。

（　　）3. 冯生得到一面镜子，镜子会自动出现三公主的样子。

（　　）4. 冯生送给国王很多珍宝，国王才同意把三公主嫁给他。

（　　）5. 冯生一直留着八大王送的礼物。

四 黄英（上）

顺天有个人叫马子才，特别喜欢菊花，听说哪里有好品种，不管多远，都要想办法买回来。一天，有个客人从南京来，告诉他："我朋友家里有几种菊花是北方没有的。"马子才就和客人一起到南京，想尽办法，得到了几棵幼苗。马子才像得了珍宝一样，把它们收好。

回家的路上，他遇见一个少年书生，骑着一头驴，跟在一辆马车后面。马子才上前和少年聊天。少年姓陶，很有礼貌。听说马子才专门去寻菊花，陶生说："菊花品种没有不好的，关键看种菊花的人。"两人聊起种植菊花的方法，聊得很开心。马子才问："你要到什么地方去？"陶生回答："姐姐在南京住久了，想换个环境到北方去住。"马子才很高兴地说："我家就在北方，虽然穷，但有地方住。如果你们不嫌弃，就来我家吧。"陶生走到车前跟姐姐商量。车里的人拉开帘子，是个二十多岁的女子，长得很美。她说："房子好坏不重要，一定要有个大园子。"马子才忙说"有"。三人就一起回家了。

马家南边有一个园子，只有三四间房，陶生却很喜欢，在那里住下来。他每天帮马子才种菊花，那些枯萎的菊花经过他的手，都活下来了。一天，陶生对马子才说："你家里生活本就困难，现在又多了我和姐姐，不如卖菊花吧。这样，收入也会多一些。"马子才一听，很不高兴："种菊花是风雅的事，怎么能当做买卖呢？太不尊重菊花了。"陶生笑道："凭自己的能力挣钱有什么不好，我们不追求富贵，也不应该追求贫穷啊！"

自那以后，马子才扔掉的菊花，陶生都捡回去，也不再到马家吃饭。马子才觉得很奇怪，跑过去一看，发现好多人等在门口买菊花。陶生出来了，拉着他进门。马子才发现园子里全种上了菊花，仔细一

看，都是自己从前扔掉的。陶生进屋，端了酒菜出来："这几天得了些钱，我们可以多喝几杯了！"过了一会儿，听见陶生的姐姐黄英叫道："三郎，三郎。"陶生过去，又端来一些菜。马子才问："你姐姐为什么一直不嫁人呢？"陶生说："还不到时候呢。"马子才又问："要到什么时候？"陶生回答："四十三个月后。"马子才问："这是什么意思？"陶生光笑，却不说话。

过了一晚，马子才又去陶家，发现新种的菊花长高了不少，非常吃惊，便请陶生教他种植菊花的技术。陶生说："这是不能教给其他人的，而且你又不靠卖菊花生活，何必学呢？"陶生种的菊花很受欢迎，在当地也有了名气。渐渐地，他越来越富，盖起了大房子。陶生专门买了一块地，全部种上菊花。到了秋天，用车拉着菊花走了，到第二年春天也没有回来。这期间，马子才的妻子因病去世。他看黄英温柔能干，想娶她。黄英微笑着，说等弟弟回来再商量。

又过了一年多，陶生仍然没有回来，黄英指挥家里的下人种菊花。一天，从广东来了一位客人，带来陶生的一封信。马子才打开一看，是陶生让姐姐嫁给自己。写信的日期，正是他妻子去世的那天。他又想起，从上次和陶生在园子里喝酒，到现在正好四十三个月。马子才很吃惊，选了个好日子把黄英娶回了家。

本级词：

品种 pǐnzhǒng | variety	尊重 zūnzhòng | to respect
礼貌 lǐmào | polite	凭 píng | to base on
关键 guānjiàn | key point	

超纲词：

菊花 júhuā | chrysanthemum	枯萎 kūwěi | withered
尽 jìn | entirely	风雅 fēngyǎ | literary pursuits
幼苗 yòumiáo | seedling	富贵 fùguì | riches and honor
驴 lú | donkey	贫穷 pínqióng | poverty
寻 xún | to seek	名气 míngqì | fame
好坏 hǎohuài | good or bad	因 yīn | because of

练习

根据文章判断正误

（　　）1. 马子才去南京，是为了得到一种新菊花。

（　　）2. 马子才在路上遇见的少年很会种菊花。

（　　）3. 陶生建议马子才卖菊花，多挣点钱，马子才很高兴。

（　　）4. 马子才扔掉的菊花，陶生捡回去种，种得很好。

（　　）5. 陶生说姐姐四十三个月后嫁人，四十三个月是他随便说的。

黄英（下）

　　黄英嫁给马子才以后，就在两家墙上开了道门，方便自己去陶家。马子才觉得花妻子的钱，不好意思，让她分开算。但是家中缺了什么，她总是从陶家拿过来用。不到半年，家中所有的东西就都是从陶家拿来的了。马子才派人一件一件送回去，可是不到十天，又混在一起了。这样拿过来、还回去好几次，他很烦恼。黄英笑着说："你一定要和我分得这么清楚，不觉得累吗？"马子才很惭愧，便不再管，一切听她的。

　　黄英找来很多工人，又建了好多房子，把两家合成一体。但她也答应了马子才的要求，不再种植、出售菊花。就算这样，马子才心里还是不安，说："真正爱菊花的人，是不应该贪财的。靠妻子卖菊花，过好日子，我真是对不起菊花啊！"黄英说："我不是贪财的人，只是没有点财富积累，大家就会说爱菊花的陶 渊明是个穷鬼，一百年也变不成有钱人，我们要告诉他们不是这样的。由穷变富很难，但由富变穷很容易啊。我们手

66

上的钱，随便你怎么花，我不会心疼。"马子才说："花你的钱，我也觉得不好意思。"黄英就在园子里盖了一间草房子，他住得才安心。可是过了几天，他想念黄英，让她过来住，黄英不肯过来，他只好自己回去找她。这样久了，他觉得自己的行为很傻，就搬回来住，和以前一样。

一次，马子才去南京，正好是菊花盛开的秋天。一天早晨，他路过一间花店，见到里面摆着很多菊花，品种很特别，便怀疑是陶生的店。等到花店的主人出来，果然是陶生！他要陶生一起回家，陶生拒绝了："这里是我的故乡，我要在这里结婚生子。等到年底，我会去看你们的。"马子才苦苦地请求他回去，陶生只好同意了。两人一进门，发现黄英早已经为弟弟准备好了房间，好像知道他要回来似的。

陶生回来以后，每天跟马子才一起喝酒。马子才有个姓曾的书生朋友，也喜欢喝酒。一天，三人一起喝到很晚，都喝醉了。陶生起身回房，不小心在菊花园里摔了一跤，衣服掉在地上，身体变成了一株菊花，有一人高，开着十几朵花，朵朵都像拳头那么大。马子才吓坏了，跑去找黄英。她拔出那株菊花放在地上，又把衣服盖在菊花上，就让马子才和她一块儿回去了。天亮以后，马子才来到菊花园中一看，陶生正睡在那里。他这才知道，姐弟两人都是菊花变的。

二月十五的花节，陶生又约了马子才的朋友曾生喝酒，两人喝得大醉。曾生被自己家的下人背回去了。陶生躺在地上，又变成了菊花。马子才见了，就学黄英的办法，把他拔出来，盖上衣服，守在一边。等了很长时间，陶生没有变回来，花叶也开始枯萎。马子才害怕起来，跑去告诉黄英。等她赶到时，菊花已经枯死了。她伤心地把花根取下来，埋在盆里，带回房中，每天浇水。马子才十分后悔。幸好，盆中的花长得很好，九月就开了花，花是粉色的，闻起来有酒的香味，取名叫"醉陶"。

本级词：

合成 héchéng | to compose

心疼 xīnténg | to love dearly

摔 shuāi | to fall down

朵 duǒ | a measure word (for flowers, clouds, etc.)

拔 bá | to uproot

超纲词：

混 hùn | to mix

烦恼 fánnǎo | to trouble

一体 yìtǐ | integral whole

贪财 tāncái | to be greedy for money

安心 ānxīn | peace of mind

不肯 bù kěn | to refuse

盛开 shèngkāi | to bloom

不小心 bù xiǎoxīn | not carefully

跤 jiāo | stumble

株 zhū | a measure word (for trees, plants, etc.)

拳头 quántou | fist

埋 mái | to bury

浇 jiāo | to irrigate

粉色 fěnsè | pink

香味 xiāngwèi | aroma

练 习

根据文章判断正误

（　　）1. 马子才不愿意和黄英住在一起，因为他不喜欢黄英。

（　　）2. 马子才在南京发现一家特别的花店，主人是陶生。

（　　）3. 陶生不愿意和马子才回家。

（　　）4. 陶生喝醉后，变成了菊花。

（　　）5. 陶生第二次喝醉，变成菊花后，马子才让他变了回来。

第四章 神仙术士

一 崂山道士

县里有个姓<u>王</u>的书生，从小就喜欢<u>道教</u>的法术。他听说<u>崂山</u>（Láoshān）上有很多神仙，就背上行李去寻找。他登上<u>山顶</u>，看见一个<u>道观</u>，很安静。道观内一位道长坐在<u>蒲团</u>上，白发披肩，看起来就很特别。<u>王生</u>上前向道长行礼。道长问："你来这里做什么？"<u>王生</u>请求道长教他法术。道长答道："你看起来没干过什么活，恐怕吃不了苦吧。"<u>王生</u>回答说："不管多苦，我都会坚持，请让我留下来吧。"道长同意了，让他第二天<u>清早</u>，和大家一起上山<u>砍柴</u>。

此后，<u>王生</u>一直过着上山砍柴的日子，手上<u>磨</u>出了厚厚的<u>茧</u>，而道长没有教他一点儿法术。<u>王生</u>想回家了。

一天下午，<u>王生</u>砍柴回来，看见两个人和道长一块儿聊天。过了一会儿，天色暗了，道长说："我用纸来<u>剪</u>个月亮吧。"他剪好，将纸贴在墙上。不一会儿，纸变成月亮，照亮了整个屋子。一位客人说："这么美的夜，怎么能不喝酒呢！"于是，拿来<u>酒壶</u>，把酒分给大家，让大家放开喝。<u>王生</u>心里想，这么多人，一<u>壶</u>酒怎么够呢？然而，不管大家怎么倒，酒壶里的酒一直是满的。过了一会儿，另一位客人说："在月光下喝酒有点儿<u>寂寞</u>，我请<u>嫦娥</u>（Cháng'é）下来为我们唱歌跳舞吧。"他把筷子朝月亮扔去。只见一个美女，从月亮上飞下来，开始很小，慢

慢变大。等落到地上，就和平常人一样了。她跳起了优美的舞，接着唱道："神仙啊神仙，为什么要把我关在广寒宫呢？我应该回到人间啊！"唱完，嫦娥跳到了桌子上，变成了筷子。道长与两位客人哈哈大笑。一位客人说："今晚太高兴了，两位陪我到月宫里喝一杯怎么样？"说完，三人慢慢升起来，走进月宫。王生抬头看见三个人坐在月宫中喝酒，连胡子都看得清清楚楚。过了一会儿，月亮的光暗下来，什么都看不见了。王生点起蜡烛，只看见道长一个人坐在那里，不知道客人去哪里了。墙上的月亮也变成了纸。王生看到这么神奇的法术，也就不想回家了。

又过了一个月，王生依然每天上山砍柴，道长也还是一点儿法术都没教。他实在受不了了，跑去找道长："我来这里这么久，每天上山砍柴，从来没有吃过这样的苦。我不想白来一趟，请您教我一点儿法术吧。"道长问："你想学什么呢？"王生说："我看您平时走路，遇到墙壁都是直接穿过去，只要能学会这个法术，我就满足了。"道长笑着答应了，让他跟着自己念口诀。念完，道长大声说："进墙去！"王生有点儿害怕。道长又说："不要犹豫，低着头冲进去！"他照着做，果然成功穿过了墙！王生非常高兴，连忙感谢道长。道长说："回去后要修身养性，不然法术就没用了。"说完就让王生回家了。他回到家中，向家人炫耀自己的法术，说可以穿墙而过，他的妻子不相信。王生就按照道长教他的，念起口诀，低头朝墙壁冲过去。没想到，头撞到墙上，摔倒在地。妻子笑王生，他既惭愧又生气。

注释

崂山 Láoshān
位于山东青岛，是道教名山，历史上出现了很多有影响力的道士。

广寒宫 guǎnghángōng
中国古代神话传说中位于月亮上的宫殿，也是中国古代神话人物嫦娥奔月后居住的宫殿。

本级词：

剪 jiǎn | to cut

舞 wǔ | dance

人间 rénjiān | the world

摔倒 shuāidǎo | to tumble

超纲词：

神仙 shénxiān | supernatural being

术士 shùshì | warlock

道教 dàojiào | Daoism

山顶 shāndǐng | mountaintop

道观 dàoguàn | Daoist temple

蒲团 pútuán | rush cushion

清早 qīngzǎo | early morning

砍柴 kǎnchái | to cut firewood

磨 mó | to abrade

茧 jiǎn | cocoon

酒壶 jiǔhú | flagon

壶 hú | kettle

寂寞 jìmò | loneliness

趟 tàng | used for a round trip

学会 xuéhuì | to learn

口诀 kǒujué | a pithy formula

修身养性 xiūshēn-yǎngxìng | to cultivate one's mind

炫耀 xuànyào | to show off

撞 zhuàng | to hit

练 习

排序

1. <u>王生</u>去<u>崂山</u>找道长学法术。

2. 道长和客人一起喝酒，他用纸剪了一个月亮，纸月亮变成了真月亮。

3. <u>王生</u>一直在山上砍柴，道长没有教他法术，他想回家。

4. 道长认为<u>王生</u>吃不了苦，让他回家。

5. 道长和他的客人一起飞到月宫上喝酒。

6. <u>王生</u>请道长教他穿墙而过的法术，道长答应了。

7. 一个客人拿筷子向月亮扔去，<u>嫦娥</u>从月亮上飞下来，为大家唱歌、跳舞。

8. 一个客人拿起酒壶，分酒给大家喝，酒壶里的酒始终都是满的。

9. <u>王生</u>学会穿墙术，回家给妻子表演，结果撞到了墙上。

　　（　　）（　　）（　　）（　　）（　　）（　　）（　　）（　　）（　　）

二　种梨

热闹的市场里，传来一阵阵香气，不少人被吸引住了，朝香味传来的方向走去，原来香气是从一辆牛车上散发出来的，牛车上装满了新鲜的梨，闻起来很香。卖梨的人在一旁得意地喊："卖梨啦，又大又甜的梨！"人们一问都很吃惊，价格太贵了！

这时，来了一位老道士，穿着旧衣服，肩上还扛着一把铲子。大概走了很远的路，道士又累又渴，请卖梨的人给他一个梨。卖梨的人很不耐烦，大声地赶道士走。道士一再请求，卖梨的人更生气了，把道士骂了一通儿。道士平静地说："你这一车梨有好几百个，我只想要一个，对你来说没有多大损失，为什么要发这么大的脾气呢？"

旁边的人也劝卖梨的人给道士一个梨，结果也被卖梨的人拒绝了。一个好心人看道士可怜，自己花钱买了一个梨送给他吃。

道士接过梨，对大家说："这么好吃的梨，只有我一个人吃太可惜了，我愿意请大家一起吃。"大家笑了："你要是有钱请客，为什么不自己买，还求别人呢？"道士说："我要这梨不是为了自己吃，是要这梨的核儿做种子，种梨给大家吃。"说完，他捧着梨大口大口地吃了起来。

吃完，道士把核儿吐出来，放在一旁。拿着铲子在地上挖了个几寸深的坑，然后把梨核儿放进去，填上土。他接着说："种子种下去得浇水，浇冷水长得慢，谁能给我一些热水？"有好奇的人去路边的店里提来一壶烧开的水，递给道士，他接过水就往坑上浇，嘴里念着："浇开水，浇开水，开水浇过梨花开。"道士的举动吸引了无数人围观。不一会儿，只见一棵青青的小苗从土里冒了出来，一点一点长高，长呀长，很快长成了一棵大树，树上长满叶子；长呀长，很快又开了花、结了果，结出又大又香的梨。道士从树上摘下梨，分给围观的人们吃，很快，梨就吃光了。他将梨树砍断，然后，把树扛在肩上，离开了。

道士种梨的时候，卖梨的人也挤在人群里，瞪大了眼睛看，连卖梨也忘了。

道士走了之后，他才回去看自己的车，发觉车空了，一个梨都没了。他这才明白过来，刚才道士分给众人的梨都是他的。再仔细一看，车还少了一个把手，砍断的口挺新的。卖梨的人又气又恨，急忙去追道士。转过一个路口，发现地上有一个被砍断的把手，这才知道道士刚才砍断的梨树就是自己车上的把手。可道士却早已不知去向。卖梨的人站在原地，气得说不出话来。市场上的人见了，都笑起来。这真是一出精彩的喜剧啊！

本级词：

梨 lí | pear

脾气 píqi | temper

寸 cùn | cun, a unit of length, equal to 3.3 centimeters

举动 jǔdòng | comportment

摘 zhāi | to pick

挤 jǐ | to squeeze

发觉 fājué | to discover

喜剧 xǐjù | comedy

超纲词：

扛 káng | to carry on the shoulder

铲子 chǎnzi | shovel

一通儿 yítòngr | once

好心 hǎoxīn | kind heart

核儿 húr | core

捧 pěng | to hold sth in both hands

坑 kēng | hole

冷水 lěngshuǐ | cold water

热水 rèshuǐ | hot water

围观 wéiguān | to gather around and watch

青青 qīngqīng | freshly green

苗 miáo | seedling

众人 zhòngrén | everybody

把手 bǎshǒu | handle

去向 qùxiàng | whereabouts

原地 yuándì | same place

练 习

排序

1. 一个人在市场卖梨，他的梨又大又甜，但是卖得很贵。

2. 道士用烧开的水浇土。

3. 好心的路人买下一个梨，送给道士吃。

4. 道士把梨分给大家吃。

5. 道士又累又渴，请卖梨的人给他一个梨吃，卖梨的人拒绝了。

6. 小苗冒了出来，一点点长高，变成了一棵梨树，结出很多梨。

7. 道士吃完梨以后，挖了一个坑，把梨核儿种下去。

8. 卖梨的人发现自己的梨都没了，才明白道士分给大家的梨是自己的。

9. 卖梨的人去追道士，可道士却早已不知去向。

10. 道士把梨树砍断带走了。

(   ) (   ) (   ) (   ) (   ) (   ) (   ) (   ) (   ) (   )

三　陆判（上）

安徽　陵阳有个书生叫朱尔旦，为人大方，但人比较笨，文章写得差。他的朋友们常和他开玩笑。一天晚上，朱尔旦和几个朋友一起喝酒，有人说："听说你胆子很大，如果你敢半夜去十王殿，把那里的判官背回来，我们就请你喝酒！"原来陵阳有座十王殿，殿里的鬼神做的样子都十分可怕。里面有个判官，绿色的脸，红色的胡子，看起来尤其可怕。朱尔旦听了，大笑着离开："好，一言为定！你们在这里等着。"

过了不久，只听见门外有人大叫："我把判官请来了！"大家站起来，往外看，朱尔旦背着判官走了进来。他把判官放在桌子上，端起酒杯，向判官敬酒。大家看见判官的模样，心里害怕，请朱尔旦再背回去。他举起第三杯酒，恭敬地把酒倒在地上，对判官说："学生无礼，请您原谅。我家离这里不远，有空儿的话请来喝酒！"说完，又将判官背了回去。

第二天，大家果然请朱尔旦喝了酒，一直喝到天黑。朱尔旦回到家中，觉得酒还没喝够，又点上蜡烛，一个人倒酒喝。

忽然，有人走了进来，朱尔旦抬头一看，竟然是那个判官！他赶紧站起来："我昨晚冒犯了您，您是来取我的命吗？"判官微笑着说："不是的。昨晚你邀请我喝酒，今晚正好有空儿，来找你喝几杯。"朱尔旦高兴地请判官坐下，和判官边喝边聊。

他问判官："您贵姓？"判官说："我姓陆，没有名字。"朱尔旦和他谈论起学问来，判官也对答如流。陆判官很能喝酒，一口气喝了十碗。两人一直喝到天亮。

从此，每隔两三天，陆判官就来一次，两人的友谊越来越深厚。朱尔旦还把自己写的文章给他看，陆判官很不客气地说："你写的文章太差了！"说完拿起红笔，帮他修改。一天晚上，两人一起喝酒，朱尔旦醉了，就自己先去睡觉。睡着睡着，觉得胸口很痛，醒过来发现陆判官坐在床前，把他的胸口剖开了。他吓坏了，问："您为什么要杀我？"陆判官笑着说："别害怕，我为你换了一颗聪明的心。"说完，陆判官慢慢地把伤口缝上，又用布包起来。做完这一切，床上不见一点血，朱尔旦只觉得胸口有点儿麻。陆判官又把一团东西放到桌子上，朱尔旦问："那是什么？"陆判官说："这是你原来的那颗心。你文章写不好，就是因为心被堵住了。刚才我在阴间，从千万颗心里挑了最好的一颗，给你换上了。就当报答你这些日子请我喝酒吧！"朱尔旦又问："您要走了吗？"陆判官回答："是啊，明天开始你好好读书，今年一定能考中举人。"说完，就关上房门走了。

天亮以后，朱尔旦解开布一看，伤口已经好了。从此，他变聪明了，书看一遍就能记住不忘，文章也越写越好。不久，他参加科举考试，以第一名的成绩考中秀才。秋天乡试，又考中了举人，而且是举人中的第一名。

注释

判官 pànguān
中国古代传说中生活在阴间，负责判处人的轮回生死、奖善惩恶的官职。

阴间 yīnjiān
中国古人把空间分为阳间与阴间。阳间是人活着时生存的空间，阴间则是人死后灵魂所在的空间。

本级词：

神 shén | god

模样 múyàng | appearance

尤其 yóuqí | especially

一口气 yìkǒuqì | without a break

超纲词：

为人 wéirén | behavior

谈论 tánlùn | to talk about

胆子 dǎnzi | courage

对答如流 duìdá-rúliú | to answer fluently

殿 diàn | temple

剖 pōu | to dissect

一言为定 yìyán-wéidìng | it's a deal

缝 féng | to seam

命 mìng | life

麻 má | numb

练 习

根据文章判断正误

（　　）1. 朱尔旦很聪明，但是对朋友很小气。

（　　）2. 朱尔旦胆子很大，他去十王殿把判官背了回来。

（　　）3. 陆判官来找朱尔旦，是为了惩罚他。

（　　）4. 陆判官把朱尔旦的胸口剖开，是为了给他换上一颗聪明的心。

（　　）5. 朱尔旦换了心以后，果然变聪明了，文章越写越好。

陆判（下）

朱尔旦考中后，他的朋友们都很意外："你怎么突然读书读得这么好了？"朱尔旦告诉他们："陆判官给我换了一颗心，我就变得聪明了。"大家听了，都想认识陆判官。可是，等到陆判官来了，大家又一个个吓得逃走了。朱尔旦请陆判官到自己家里喝酒。两人喝得高兴时，朱尔旦对他说："我妻子总觉得自己不够漂亮，您也有办法吗？"陆判官说："心可以换，头应该也可以。我试试。"

一天半夜，陆判官来了，手里还提着一个包裹。他举起包裹，对朱尔旦说："你上次提到的事，我一直放在心里，正好今天得到一个美人头。"朱尔旦连忙带陆判官去卧室。他的妻子睡得正熟。陆判官拿出一把匕首，按住他妻子的脖子，把头取了下来，又赶快拿起那颗美人头，装在她脖子上，然后把头放正，使劲儿按了按。接着，让他妻子继续睡觉。做完这一切，陆判官叫朱尔旦把取下的头埋到地里，自己就离开了。

第二天早上，朱尔旦的妻子醒过来，照镜子时发现自己变成了另一个人，吓得大叫。朱尔旦进来，告诉妻子："别害怕！昨晚，陆判官给你换了一个头。"他仔细看了看妻子，觉得她像画上的美人。只是脖子上留下一圈红线，红线上下的皮肤颜色完全不一样。

朱尔旦妻子换头的消息渐渐传了出去，传到吴御史那里。他想起自己的女儿，便派人去朱尔旦家里查看。原来，吴御史有个女儿，之前被人杀了，死后尸体突然没有了头。吴家的下人看到朱尔旦的妻子，吓得立刻跑回来报告吴御史："大人，那个朱家的夫人长得和家里的小姐一模一样！"吴御史心想："一定是这个朱尔旦用邪恶的法术杀死了我女儿，把我女儿的头给他的妻子换上了。"于是，他派人把朱尔旦抓来审问。朱尔旦说："我真的没有杀您女儿，我妻子在梦中被换了头，我也不知道怎么回事！"吴御史不信，要惩罚他。陆判官知道此事后，偷偷告诉朱尔旦说："没事，我让他女儿跟他说清楚。"一天晚上，吴御史梦见女儿，女儿告诉他："女儿的死和朱举人没有关系，是苏溪的杨大年^{Yáng Dànián}杀死了我。朱举人的妻子不够漂亮，陆判官就把女儿的头给他妻子换上了。现在女儿虽然死了，但我的头还活着，希望您不要冤枉了朱举人。"

吴御史醒过来，把梦告诉了夫人。夫人吃惊地说："我也做了同样的梦！"他们派人去苏溪打听，发现真的有个叫杨大年的人。于是抓住他审问，杨大年承认了自己的罪行。吴御史放了朱尔旦。吴御史和吴夫人去朱尔旦家，见到朱夫人，感觉自己的女儿还活着一样，流下了伤心而又幸福的眼泪。他们就认了朱夫人做女儿，两家相处得很好。

三十年后的一天晚上，陆判官突然告诉朱尔旦："你的生命快结束了。"朱尔旦问："什么时候？"陆判官回答："五天后。"他又问："您有办法延长我的生命吗？"陆判官笑了："生死由天定，怎么可能改变呢？再说，生和死是一样的，为什么觉得生就快乐，死就悲伤呢？"朱尔旦听了，觉得很有道理。五天后，他穿着盛装去世了。

注释

中国古人认为人的心可以影响人的思想、行为和情感等，而人的大脑则不具有此功能。因此，朱尔旦的妻子换了头，仍然知道自己是谁。

御史 yùshǐ

中国古代的官职，负责监督官员。

本级词：

认 rèn | to enter into a certain relationship with

超纲词：

美人 měirén | beauty

匕首 bǐshǒu | dagger

邪恶 xié'è | evil

审问 shěnwèn | to interrogate

冤枉 yuānwang | to treat unjustly

罪行 zuìxíng | crime

盛装 shèngzhuāng | splendid attire

练 习

根据文章判断正误

（　　）1. 陆判官给朱尔旦的妻子换了头，换完以后，他的妻子失去了记忆。

（　　）2. 朱尔旦的妻子换的头，来自死去的吴家小姐。

（　　）3. 朱尔旦用邪恶的法术杀了吴家小姐，得到她的头。

（　　）4. 吴家女儿在梦中告诉自己的父母是谁杀死了她。

（　　）5. 朱尔旦知道自己很快要死了，很害怕。

四　竹青（上）

　　鱼客是湖南人，他家里很穷，科举考试失败，回家的路上钱全花光了。鱼客很伤心："我现在身上一个铜钱都没有，离家还那么远，我又不能去做乞丐，看来要饿死在路上了。"他饿得受不了，见到前面有个吴王庙，就到庙里休息，跪下来求神仙帮助他。

　　鱼客求完神仙，躺在庙里休息，忽然有个人叫他："起来！起来！"鱼客问："你是？"来人没有回答，直接带他去见吴王。那人跪下，报告吴王："黑衣队里缺少一名士兵，可以让这个人补上。"吴王同意了："可以，叫他穿上黑衣服。"鱼客穿上后，变成了乌鸦！他扇着翅膀飞向天空，很兴奋："啊！我可以自由地飞来飞去了！"带他来的人也变成了乌鸦："好了，我带你去见伙伴，看看乌鸦是怎么生活的。"从此，他和伙伴们一起飞到江边抓鱼吃。"鱼真好吃，我做人时都没吃过呢！"鱼客吃得很开心。江上常常有船经过，船上的人们见到乌鸦，会把肉扔到空中喂他们。他们争着抢肉吃，每次抢到肉，鱼客都很得意："没想到做乌鸦，吃得比人好！"

一次，<u>鱼客</u>接到食物的时候，食物被另一只乌鸦抢走了。他饿着肚子，很难受。"你饿了吧？这个送给你吃。"一只乌鸦飞过来，送给他一条鱼。"谢谢，你真善良！你叫什么名字？"<u>鱼客</u>问。"我叫<u>竹青</u>。" (Zhú Qīng)
<u>竹青</u>是一只雌乌鸦，对<u>鱼客</u>很好。<u>吴王</u>见了，就让<u>鱼客</u>和<u>竹青</u>结为夫妻。他们夫妻的感情很好。

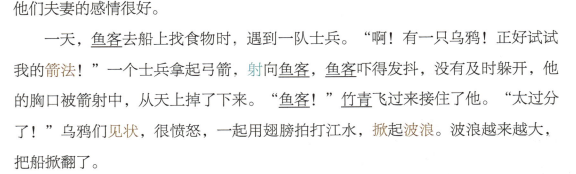

一天，<u>鱼客</u>去船上找食物时，遇到一队士兵。"啊！有一只乌鸦！正好试试我的箭法！"一个士兵拿起弓箭，射向<u>鱼客</u>，<u>鱼客</u>吓得发抖，没有及时躲开，他的胸口被箭射中，从天上掉了下来。"<u>鱼客</u>！"<u>竹青</u>飞过来接住了他。"太过分了！"乌鸦们见状，很愤怒，一起用翅膀拍打江水，掀起波浪。波浪越来越大，把船掀翻了。

<u>竹青</u>把<u>鱼客</u>带回家，细心照顾着他，但他伤得太重，到晚上就死了。"<u>鱼客</u>你好可怜啊！死得好惨！"突然一道光闪过，<u>鱼客</u>睁开眼睛，发现面前站了好多人。"你醒了就好！我们还担心你死了呢！"<u>鱼客</u>看了看四周，发现自己躺在庙里。"难道之前的一切都是我做的梦？"<u>鱼客</u>心想。大家见他可怜，就一起凑钱给他，让他回家。

本级词：

扇 shān | to flap

射 shè | to shoot

四周 sìzhōu | all around

超纲词：

乞丐 qǐgài | beggar

雌 cí | female

箭法 jiànfǎ | archery

见状 jiànzhuàng | to see the situation

掀 xiān | to lift

波浪 bōlàng | waves

惨 cǎn | miserable

凑钱 còuqián | to raise money

练 习

根据文章判断正误

（　　）1. 鱼客快饿死了，决定去做乞丐。

（　　）2. 鱼客穿上黑衣服以后，变成了乌鸦。

（　　）3. 变成乌鸦后，鱼客常常吃不饱。

（　　）4. 鱼客去船上找食物，结果被射死了。

（　　）5. 鱼客醒来发现自己躺在庙里，以为一切是一场梦。

竹青（下）

　　鱼客回到家乡，努力读书，
三年后，又一次参加科举考试。
这次，他成功了。经过吴王庙
时，他来到庙中感谢吴王，见到庙
里的乌鸦，他想起以前做乌鸦的经
历，就去买了很多食物给乌鸦们吃。
他对着乌鸦们说："如果竹青来了，请留
下吧。"乌鸦们吃完，都飞走了，没有一只留下。"原来真的是梦！"他有点儿
失望。

　　晚上，鱼客住在江边的村子里。刚点上蜡烛，桌子前飞过一只乌鸦，乌鸦落
到地上，变成了一个美丽的女子。女子微笑着说："分别以后，你还好吗？"鱼
客很吃惊："你是谁？我们认识吗？"女子说："我是竹青啊！我现在是汉江的
神女，乌鸦们说你在找我，特地来和你相见。"鱼客很高兴，上前抱住她："竹
青，我好想你！"于是，二人一起在江边住下，感情越来越好。

　　过了一段时间，鱼客对竹青说："离家这么长时间，我该回家了，你和我一
起回去吧。"竹青叹了一口气："我是汉江的神女，我的责任就是保护汉江，不
能离开这里。""这怎么办，路途遥远，我不能常来看你。"竹青就拿出一件黑
色的衣服，说："这是你原来穿过的旧衣服，想我的时候，你就穿上它，变成乌
鸦飞过来。"当天晚上，竹青准备了很多菜，还劝鱼客喝了很多酒。他喝醉了，
很快就睡着了。等他醒过来时，发现自己已经在船上了，身边放着一个包。他打
开一看，是竹青给他做的新衣服和新鞋，那件黑色的旧衣服也叠得整整齐齐地放
在里面。包的里侧还有一个精美的口袋，里面装满了钱。鱼客看着包和口袋，流
下了眼泪。

　　回家几个月后，鱼客心里一直想着竹青，就偷偷拿出那件黑色的衣服穿上，果然变成了乌鸦！他拍打着翅膀，飞向汉江。不到半天，他就到了。鱼客从空中向下看，看到江中有一个岛，岛上有一座房子。他心想：这应该是竹青住的地方吧。他落到地上，大声喊道："竹青，竹青！我回来啦！"不一会儿，竹青真的出来了，给他脱下黑色衣服。鱼客身上的羽毛立刻掉落，他又变成了人。竹青拉着他的手，带他进去："我正想你呢，你就来了！我这两天就要生孩子了，你来得正好！"鱼客高兴地跳了起来："太好了！我们要有孩子了！"

　　过了几天，竹青生下来一个蛋。鱼客看着蛋，不知道怎么办。过了一会儿，蛋壳裂开了，里面躺着一个小男孩儿。鱼客很开心："既然你在汉江出生，就叫汉产吧。"汉产是个聪明的孩子，很喜欢读书，鱼客经常飞过来教他。后来，鱼客干脆搬到汉江边，三人幸福地生活在一起。

超纲词：

叹气 tànqì | to sigh

路途 lùtú | journey

遥远 yáoyuǎn | distant

叠 dié | to fold

侧 cè | side

精美 jīngměi | exquisite

蛋壳 dànké | eggshell

裂 liè | to crack

排序

1. <u>鱼客</u>科举考试成功，再次来到<u>吴王庙</u>。

2. <u>鱼客</u>在江边的村子住下，晚上一只乌鸦飞来，变成了一个美丽的女子。

3. <u>竹青</u>拿出一件黑色的衣服，<u>鱼客</u>穿上可以变成乌鸦去找她。

4. <u>鱼客</u>请<u>竹青</u>留下，但是乌鸦们都飞走了，他很失望。

5. <u>鱼客</u>买了很多食物，给庙里的乌鸦们吃。

6. <u>鱼客</u>和<u>竹青</u>一起在村子里生活了一段时间，感情越来越好。

7. <u>鱼客</u>给孩子取名<u>汉产</u>，后来搬到<u>汉江</u>边，一家三口幸福地生活在一起。

8. <u>竹青</u>生下来一个蛋，蛋壳裂开，里面躺着一个小男孩儿。

9. 回家几个月后，<u>鱼客</u>换上黑色衣服，变成乌鸦去找<u>竹青</u>，<u>竹青</u>正好快生孩子了。

（　　）（　　）（　　）（　　）（　　）（　　）（　　）（　　）（　　）

第五章 世间奇谈

 赵城虎

山西的赵城县有一个老婆婆，七十多岁了，只有一个儿子。一天，她的儿子上山砍柴，遇到一只老虎，被老虎吃掉了。老婆婆伤心极了，跑去找县令。她跪在地上，向县令哭诉："大人，我七十多岁了，只有一个儿子，没想到被老虎吃了，您一定要替我做主，捉住那只老虎，用律法惩罚它！"县令笑着说："老虎不是人，我们怎么可能用律法去惩罚它呢？"老婆婆听完，哭得更厉害了。县令让她走，她怎么也不肯走。县令看她这么大年纪，失去独子，就答应为她去抓老虎。老婆婆坚持要等县令发出抓老虎的命令才肯回去。县令没有办法，只好问自己的手下："你们谁愿意上山抓虎？"一个叫李能(Lǐ Néng)的人，走到县令面前，大声说："我愿意！"县令要求他在一个月内把老虎抓来。看见李能接下任务，老婆婆终于离开了。

第二天，李能向县令提出请求，需要找当地的猎人们帮助他，县令同意了。于是，李能带领猎人们上山了，他们每天在山上寻找，并询问附近的居民有没有见过老虎。但是一个月过去了，连老虎的影子都没有见到。李能担心受到惩罚，他既委屈又害怕，不知道怎么办，只好跑到土地庙里祈祷："请帮助我顺利找到老虎，完成县令交待的任务。"说完，磕了好几个头。过了没多久，一只老虎突然从外面进来。李能见到老虎，吓得忘记逃跑。谁知，老虎进来后，并没有伤害他，只是安静地蹲在他面前。他似乎明白了什么，对老虎说："是你吃了老婆婆的儿子吗？"老虎只是静静地看着他。他又说："如果是你，你就趴下来，让我用绳子捆住。"他试着拿出绳子，靠近老虎，老虎趴下来，让李能把它捆住了。

李能牵着老虎来到县衙，高声喊道："吃人的老虎捉到了！"大家都走过来围观。县令问老虎："老婆婆的儿子是你吃的？"老虎点点头。大家很吃惊。县令说："杀人者死，这是律法。老婆婆只有这一个儿子，你杀了他，老婆婆以后就无人依靠。她这么大年纪了，怎么维持生活呢？如果你能够给她当儿子，我就放了你。"老虎又点点头。于是，县令让人把绳子解开，放走了老虎。

第二天早晨，老婆婆听到门外有声音，打开门一看，地上放着一只死鹿。她卖了鹿，用卖鹿的钱来生活。从此，老虎经常送东西来，有时是动物，有时是钱或布。老婆婆的生活过得越来越好，比她儿子在世时还要好。有时，老虎还一整天趴在老婆婆的院子里，静静地陪伴她。邻居们都很羡慕："这只老虎真好啊！"她高兴地说："是的！它比我儿子还孝顺呢！"

过了几年，老婆婆去世了，老虎来到她床边大声吼叫，样子十分悲伤。老婆婆的亲人们用她平时存的钱，给她办了丧事。她的墓刚修好，老虎就跑来了，在坟前叫得好大声，像打雷一样，过了好一会儿才离开。当地人被老虎的行为所感动，就在赵城的东门外建了一座"义虎祠"，据说到现在还保留着。

注释

县衙 xiànyá
中国古代政府机构办事的地方叫衙门，县衙就是县级政府办事的地方。

本级词：

虎 hǔ | tiger

超纲词：

世间 shìjiān | world

奇谈 qítán | strange story

做主 zuòzhǔ | to support

律法 lǜfǎ | law

独子 dúzǐ | only son

肯 kěn | to agree

手下 shǒuxià | underling

猎人 lièrén | hunter

有没有 yǒu méiyǒu | is/are there

交待 jiāodài | to order

磕 kē | to knock

逃跑 táopǎo | to escape

蹲 dūn | to squat

绳子 shéngzi | rope

捆 kǔn | to tie

鹿 lù | deer

羡慕 xiànmù | to envy

孝顺 xiàoshùn | filial piety

吼 hǒu | to roar

墓 mù | grave

坟 fén | grave

祠 cí | memorial temple

练 习

根据文章判断正误

（　　）1. 老婆婆的儿子被老虎吃掉了，她请求县令抓住老虎，惩罚它。

（　　）2. 李能在土地庙见到老虎，老虎开始攻击他。

（　　）3. 李能捆住老虎时，老虎一直反抗。

（　　）4. 县令的话，老虎都听懂了，并且同意做老婆婆的儿子。

（　　）5. 老虎定期给老婆婆送猎物。老婆婆去世后，老虎很伤心。

二　画壁（上）

朱(Zhū)举人和孟(Mèng) 龙潭(Lóngtán)是好朋友，他们在京城居住。有一天，他们在外游玩，来到一座寺庙。寺庙看起来很朴素，里面只有一个老和尚。老和尚带他们进了大殿。大殿里有各种菩萨的画像，两边的墙壁上还画着画，上面的人物很生动，看起来像真的一样。东边一幅画里有一个长发女子，手里拿着一枝花，面带微笑；眼睛明亮，眼中好像有光在闪烁；小嘴微微张开，好像在对着看画的人说话。朱举人被吸引住了，看了好久，心里想着："能和这么美的姑娘在一起就好了。"想着想着，他的身体忽然变轻了，乘着云雾，飞进了画里。他看看四周，只见群山围绕，山间飘着雾气，景色很美。

老和尚正在说话，很多人围在他身边，朱举人回过神来，也走过去听。过了一会儿，有人轻轻拉了一下他的衣服，他回头一看，是刚才画里的女子！女子对着他笑了笑，就离开了。朱举人跟在后边，女子走过一条又一条街，进到一个院子里。他站在外面，不敢进去。女子回头，举起手里的花，对着他摇了摇，好像在对他说："过来吧。"他和女子一起走进房间。房间里静悄悄的，没有其他人。朱举人向女子表达自己的爱意。女子没有说话，对着他微微一笑，美得像花儿一样。朱举人试着伸手抱住女子，她也没拒绝。两个人亲热地在一起，不愿分开。过了好一会儿，女子说："我得出去一下，你藏在屋子里，千万不要出来！不然，被人发现就麻烦了！"朱举人待在房间里，一直等到晚上，女子才回来。

这样过了两天，朱举人和女子正在房间里说话，女子的朋友们突然出现在窗外，和女子开着玩笑："小妹房间里藏了一个情人呢！"朱举人吓了一跳，想逃走。女子说："别害怕，她们不是坏人。"女子的朋友们笑嘻嘻地走进来："已经有情人了，不能披着头发啦，得把头发盘起来！"朱举人不知道说什么，在一旁默默看着她们。女子的朋友们拿着梳子，给女子梳头，把女子的头发盘得高高的，给她戴上各种漂亮的头饰。打扮完，她们就离开了："好了，我们走了。不打扰你和情人在一起啦！"女子害羞地低着头，脸红红的，看起来更美了。朱举

人走过去，抱住女子。两人安静地抱在一起，享受着幸福的时光。

本级词：

人物 rénwù | character

乘 chéng | to ride

围绕 wéirào | to encircle

愿 yuàn | to be willing

享受 xiǎngshòu | to enjoy

时光 shíguāng | time

超纲词：

游玩 yóuwán | to stroll about

朴素 pǔsù | simplicity

和尚 héshang | Buddhist monk

菩萨 púsà | Bodhisattva

枝 zhī | a measure word (for flowers with intact stems)

闪烁 shǎnshuò | to glimmer

微微 wēiwēi | slightly

雾 wù | fog

飘 piāo | to drift

静悄悄 jìngqiāoqiāo | quietly

伸手 shēnshǒu | to stretch one's hand

情人 qíngrén | lover

笑嘻嘻 xiàoxīxī | to smile

盘 pán | to coil

梳子 shūzi | comb

梳头 shūtóu | to comb one's hair

头饰 tóushì | head ornaments

害羞 hàixiū | shy

练习

排序

1. 朱举人突然飞进了画里。

2. 有人拉了拉朱举人的衣服，是画里的长发女子。

3. 朱举人一直藏在女子的房间里，过了两天才被女子的朋友们发现。

4. 朱举人和朋友去寺庙玩。

5. 长发女子带朱举人回家，两个人亲热地在一起，不愿分开。

6. 女子的朋友帮她把头发盘起来，戴上各种漂亮的头饰。

7. 墙壁上的人物画得很生动，像真的一样。

8. 东边的墙壁上画着一个长发女子，非常美，朱举人看了好久。

9. 朱举人和朋友进到一个大殿，两边的墙壁上有很多画。

( )( )( )( )( )( )( )( )( )

画壁（下）

忽然，窗外传来脚步声，还有锁链碰撞发出的声音。朱举人和女子吃惊地向外偷看。只见一个武士，穿着金盔甲，脸黑黑的，他一手提着棍子，一手拿着锁链，女子的朋友们围着他。他问道："人都到了吗？"大家回答："都到了。"武士又说："你们要是发现谁偷偷藏起凡间的人，一定要告诉我！"大家都答："好！"武士转过身来，对着朱举人和女子所在的方向，四处查看，好像在找人。女子吓得脸都白了，她让朱举人藏在床下，然后打开门，匆匆走了。

朱举人趴在地上，一动都不敢动。过了一会儿，脚步声近了，好像有人在搜房间。他吓得不敢呼吸。又过了一会儿，房间终于安静下来了，但是房间外面总有人来来去去，说着话。他不敢从床下出来，待的时间太久，他觉得耳边嗡嗡嗡地响，眼前一阵阵发黑，几乎忘了自己从哪儿来，又要去哪儿。

孟龙潭在大殿参观了一会儿，发现朱举人不见了，就问老和尚。老和尚笑着说："他躲进画里去了！"孟龙潭一看，墙壁上真的出现了朱举人的画像，样子像是在听什么声音。老和尚敲敲墙，大声喊："朱举人，该回来了！你的朋友等你很久了！"刚说完，朱举人就从墙壁上下来了。他呆呆地站着，神情恍惚，像在做梦一样。孟龙潭很吃惊，问他发生了什么。朱举人告诉他自己在画中的经历，最后说："我正趴在床下，听见打雷一样的声音，打算出来看看，没想到就从画里回来了。"他看看墙壁，吃惊地发现画中的女子还在，但是头发不再披着，而是高高地盘了起来。他连忙问老和尚："这是怎么回事？"老和尚笑了笑："幻想来自每个人

的内心。朱举人经历的一切，是你内心的幻想，我怎么能解释呢？"朱举人只好和朋友告别老和尚，匆匆离开了这座神奇的寺庙。

本级词：

脚步 jiǎobù | footstep

搜 sōu | to search

敲 qiāo | to knock

超纲词：

锁链 suǒliàn | chain

碰撞 pèngzhuàng | to collide

盔甲 kuījiǎ | armor

凡间 fánjiān | mortal world

四处 sìchù | everywhere

匆匆 cōngcōng | hurriedly

嗡 wēng | buzzing

呆呆地 dāidāi de | dully

恍惚 huǎnghū | dazed

幻想 huànxiǎng | illusion

练 习

根据文章判断正误

（　　）1. 武士们不让凡间的人留在这里，抓到了就要赶走。

（　　）2. 朱举人藏在女子的房间，被武士们发现了。

（　　）3. 朱举人的朋友找不到他，在墙壁上发现了他的画像。

（　　）4. 朱举人从画中回到现实，他明白了发生的一切。

（　　）5. 朱举人看画中的女子时，女子没有发生任何变化。

三　颜氏（上）

顺天有个书生，家中很穷，又遇到灾荒，便跟着家人一起搬到洛阳。他读书不好，十七岁了，还写不出一篇完整的文章。但是人长得很帅，有礼貌，又很幽默，书信写得很好，大家并不知道他其实没有多少学问。不久，他的父母先后去世，只剩下他一个人。为了生活，他在家里教附近的孩子们读书。

村子里有个姓颜的人家，很重视教育，家里代代都是读书人。颜家有个女儿，特别聪明，不管学什么，学一遍就记住了。十几岁的时候，已经能写出不少精彩的诗歌与文章。父亲常常觉得遗憾："我女儿这么优秀，可惜不是男子，不能参加科举考试，不能做官。"父母坚持要给女儿选一个学问好的丈夫，可是直到父亲、母亲相继去世，也没找到，颜家的女儿还是一个人。

有一次，邻居家的妇人过来，和颜家女儿聊天。妇人手里拿着一包线，包线的纸上写着字。颜家女儿打开一看，纸上是顺天那个书生写的一封书信。以前妇人的丈夫在外地工作，妇人没有文化，便请书生帮忙写信，寄给丈夫。这封信就是妇人丈夫保存好带回来的。颜家女儿拿着信，读了一遍又一遍，似乎对写信的人很有好感。邻家的妇人悄悄对她说："这个年轻人为人有趣，长得帅，又有风度，年纪和你差不多，父母也都去世了。我觉得你们在一起很合适。我丈夫和书生的关系很好，你要是愿意的话，我让我丈夫去问一问。"颜家女儿低下头，没有说话。妇人明白了，这是愿意。

妇人回家把这件事告诉丈夫，丈夫立刻去找了书生。书生听后非常高兴，就把母亲留给他的黄金戒指，托她们转给颜家女儿作聘礼。几天后两人举行了婚礼，夫妻感情很好，每天过得很开心。

　　妻子偶然读到书生的文章，笑了："你的文章写成这样，去参加科举考试，什么时候才能考中啊？"书生不好意思地说："我从小文章就写不好。读了好多书，可是常常记不住。写文章的时候，不知道怎么写，很痛苦。"于是，妻子每天陪着他读书。两人一起讨论学问，书生不明白的地方，妻子都解释得很清楚。书生慢慢找到了写文章的方法，也更有兴趣研究学问了。这样过了一年多，书生的文章越写越好，学问越来越扎实。他充满信心地参加科举考试，可是连续几次都失败了。

本级词：

幽默 yōumò | humorous

先后 xiānhòu | successively

诗歌 shīgē | poem

风度 fēngdù | mien

偶然 ǒurán | accidentally

超纲词：

灾荒 zāihuāng | famine

相继 xiāngjì | successively

好感 hǎogǎn | favorable impression

戒指 jièzhi | ring

托 tuō | to entrust

聘礼 pìnlǐ | betrothal presents

扎实 zhāshi | solid

根据文章判断正误

（   ）1. 书生长得很帅，人又幽默、有礼貌，大家都认为他很有学问。

（   ）2. 颜家的女儿很聪明，文章和诗歌都写得很好，她的父亲想让她参考科举考试。

（   ）3. 颜家的女儿看了书生的信，对他产生了好感。

（   ）4. 颜家的女儿嫁给书生后，才发现他的文章写得很差。

（   ）5. 书生在妻子的指导下，文章越写越好，顺利通过了科举考试。

颜氏（下）

书生因考试连续失败，对自己失去了信心，每天待在家里，不想出去，做什么都没有兴趣。妻子安慰他："失败了没关系，只要努力，总会成功的。"书生心情不好，就不高兴地回道："说得容易！科举可不像你在厨房做饭那样容易！"妻子笑了："不要生气。下次，我换上男子的衣服去考试。考不中，我就明白科举考试有多难了。"书生听完，也笑了："真应该让你尝试一下，你就知道有多苦了！就怕换上男装，被人发现，反而让大家笑话。"妻子想了想，说："你的家乡在顺天，我换上男装跟你回去，假装是你弟弟，那里的人不认识我们，应该不会被发现。"书生答应了。妻子进卧室，换上男装出来，问："你看，像男子吗？"书生仔细打量，点了点头："嗯，像个男子。"两人高兴地和邻居告别，书生带着妻子回到家乡。

到了家乡，书生发现堂兄还在，便拉着妻子去向堂兄行礼："堂兄，这是我的弟弟。我们搬到洛阳后，父母又有了一个孩子，堂兄还没见过。"堂兄听说两个堂弟都是读书人，很高兴，让他们住在自己家中。又见他们从早到晚都在读书，更加爱护，专门请了一个下人照顾他们。

遇到村子里有人办喜事或丧事，都是书生一个人去；家中有客人来，也是书生一个人出来接待。妻子总是在房里读书。这样过了半年，除了堂兄和堂嫂，很少有人见过她。有人读到书生妻子的文章，十分佩服，一传十，十传百，很快流传开来，妻子的名气渐渐大起来。很多人都想让书生妻子做女婿。堂兄来问她，妻子笑着拒绝了。再问，妻子就说："我的志向是考中科举，做大官。不达到目标，我绝不结婚。”

　　终于，科举考试开始了，夫妻二人一起参加了考试。书生再次失败，而妻子以第一名的成绩参加乡试，考中第四名。第二年又考中进士，被派到桐城做县令。几年间，妻子把县城治理得很好，得到百姓的称赞。不久，她又升官，做了河南省的御史。官越做越大，妻子表现得越来越出色，但是，也越来越担心女子的身份被人发现。

　　后来，妻子找到机会，以生病为借口辞了官，和书生一起回到家乡。大家见妻子从书生变成大官，还是不结婚，都觉得很奇怪。没过多久，明朝灭亡，天下大乱。妻子这才说出真相：“我本是女子，女扮男装参加科举考试，还做了官。如果传出去，会被天下人指责。”堂嫂不信，问：“女子脚小，男子脚大，你怎么能穿着那么大的靴子走路？”妻子把靴子递给堂嫂看，原来靴子里塞满了棉絮。此后，妻子就和书生在家乡过着平静的生活。

本级词：

厨房 chúfáng | kitchen

尝试 chángshì | to attempt

再次 zàicì | once again

治理 zhìlǐ | to govern

真相 zhēnxiàng | truth

超纲词：

嗯 ńg | mmm

堂兄 tángxiōng | cousin (male, older than oneself) from father's side

堂弟 tángdì | cousin (male, younger than oneself) from father's side

喜事 xǐshì | happy event

堂嫂 tángsǎo | cousin's wife

女婿 nǚxù | son-in-law

志向 zhìxiàng | ambition

绝 jué | absolutely

借口 jièkǒu | excuse

辞 cí | to resign

灭亡 mièwáng | to be destroyed

天下 tiānxià | the whole country

扮 bàn | to act as

靴子 xuēzi | boots

棉絮 miánxù | cotton wadding

练习

排序

1. 书生考试连续失败，心情很差。

2. 书生的妻子每天努力读书，很少见客人。

3. 很多人想让书生的妻子做女婿，她都以参加科举考试为理由拒绝了。

4. 书生带着妻子回到家乡，大家都没发现她是女子，以为他们是兄弟。

5. 妻子打算换上男装去参加考试，书生同意了。

6. 妻子的文章写得很好，她的名气越来越大。

7. 妻子担心自己的身份被发现，以生病为借口，辞官回家。

8. 妻子和书生再次回到家乡，大家才知道她其实是女子。

9. 妻子的官越做越大，表现越来越出色。

10. 妻子和丈夫一起参加科举考试，妻子考中了，而丈夫失败了。

（　　）（　　）（　　）（　　）（　　）（　　）（　　）（　　）（　　）（　　）

四　鸽异（上）

山东邹平县（Zōupíng）有位叫张幼量（Zhāng Yòuliàng）的公子，特别喜欢养鸽子。山东一带养鸽子的人中，他最有名。

一天夜晚，张公子正在书房读书，一位身穿白衣的少年来拜访。张公子一看，并不认识他，问他是什么人。白衣少年回答："我的姓名不重要。听说公子养了很多鸽子，能不能让我见见？"张公子一听，高兴地带少年去看自己养的鸽子，各个品种，各种颜色，看起来特别壮观。少年非常佩服："外面的传说不假，公子果然是最会养鸽子的人！""哪里哪里。"少年又说："我也养了几只鸽子，公子有没有兴趣去看一下呢？"张公子开心地答应了。

两人走在田野上，四周静悄悄的，张公子心里有些害怕。少年指着前面说："公子别担心，我就住在前面，再走一会儿就到了。"很快，他们来到一个院子，里面只有两间房，院子里没有灯，显得很黑暗。少年带着张公子走到院子中间，口中学着鸽子叫。忽然，两只鸽子飞了出来，样子很平常，但身上的羽毛雪白雪白的。两只鸽子一边往屋顶飞，一边互相斗。每次扑向对方，还会翻筋斗。少年挥一挥手，两只鸽子一起飞走了。

少年口中发出一种特别的声音，又有两只鸽子飞了出来。一只像鸭子那么大，一只只有拳头那么小。两只鸽子站在台阶上。大的那只伸长脖子，张开翅膀，有节奏地旋转，像在跳舞，边跳还边叫着，仿佛在引导小鸽子。小鸽子则上下飞舞，突然展开翅膀，飞到大鸽子的头上，嘴里发出轻而急的叫声，像在敲鼓。大鸽子伸长脖子不敢动，大声叫着，声音清脆。两只鸽子互相配合，叫起来像合唱一样，很好听。接着，小鸽子从大鸽子的头顶飞走，大鸽子上上下下追着它，像在和它玩儿。

张公子见了，对少年说："太厉害了！和你的鸽子相比，我的鸽子真是见不得人啊！"他请少年送给他几只鸽子。少年不同意，张公子再三请求。少年挥一挥手，让两只跳舞的鸽子飞走，又学着鸽子的叫声，引来两只白鸽，伸手抓住。

他对张公子说："如果不嫌弃，这两只鸽子送给您吧。"张公子把白鸽接过来，仔细观察。两只白鸽的眼睛亮亮的，中间的黑眼珠圆圆的；翅膀下的肌肉，像水晶一样透明，里面的器官都看得清清楚楚。

本级词：

鸭子 yāzi | duck

上下 shàngxià | up and down

肌肉 jīròu | muscle

超纲词：

鸽子 gēzi | pigeon

壮观 zhuàngguān | magnificent

翻筋斗 fānjīndǒu | to somersault

节奏 jiézòu | rhythm

旋转 xuánzhuǎn | to rotate

仿佛 fǎngfú | as if

飞舞 fēiwǔ | to flutter

敲鼓 qiāogǔ | to beat a drum

清脆 qīngcuì | clear and melodious

合唱 héchàng | to chorus

头顶 tóudǐng | crown of the head

眼珠 yǎnzhū | eyeball

水晶 shuǐjīng | crystal

练 习

根据文章判断正误

（　　）1. 张公子以养鸽子出名。

（　　）2. 少年认为张公子养的鸽子都很普通。

（　　）3. 少年学着鸽子叫，就有两只鸽子飞了出来。

（　　）4. 少年把两只跳舞的鸽子送给了张公子。

（　　）5. 张公子接过来的两只鸽子，肌肉是透明的。

鸽异（下）

　　张公子看了还不满足，求少年再送两只鸽子。正在这时，门外传来下人的声音："张公子，你在哪里？"原来他的下人担心他，来找他了。"我在这里！"张公子对着外面大喊。回头和少年告别时，却发现少年变成了一只白鸽，向天空飞去。眼前的院子、房屋也都消失了，只剩下一座小小的坟墓和两棵树。张公子与下人见到，都惊呆了。张公子看着怀里的白鸽，说："还好你们没有消失。"

　　张公子抱着鸽子回到家中。他试着让白鸽飞，两只白鸽很听话，边飞边斗，和张公子最初见到的一样。张公子高兴不已，把它们当作宝贝一样照顾着。过了两年，这对白鸽先后生了三只小公鸽和三只小母鸽。张公子对它们更加爱护，谁来要都舍不得给。

　　一天，张公子的父亲接待一个朋友，这个朋友是个大官。他问张公子："听说你养了很多鸽子啊？"张公子回答："是。"大官说："我也很喜欢鸽子呢！"张公子听了，心想：他这么喜欢鸽子，是不是应该送两只鸽子，谢谢他对父亲的照顾呢？送平常的鸽子吧，大官肯定看不上；送珍贵的鸽子吧，又舍不得。张公子想来想去，做不了决定。最后，想到大官手中的权力，张公子做出了决定。他把一只白鸽装在笼子里，送给大官。他认为送出去的是世界上最珍贵的礼物，一定能让大官满意。

　　过了几天，张公子再见这个大官时，心里很得意，觉得他一定会感谢自己。没想到，两人聊了半天，大官也没提到鸽子的事。张公子忍不住问："前几天我送给您的鸽子，您满意吧？"大官点点头："味道不错！"张公子大惊："大人您把鸽子吃了？"大官回答说："是啊！我喜欢吃鸽子！"张公子吃惊得说不出话来："大……大人，那可不是普通的鸽子，是很有名的品种呢！""是吗？"大官想了一下说，"可是味道也没有什么特别啊！"张公子听完，十分后悔。

　　夜里，张公子做梦，梦见白衣少年来找他，非常生气："我以为你爱护鸽子，就把我的孩子交给你。你怎么能随意抛弃它，让它白白死去呢！现在，我要带着它们走了。"说完，少年变成鸽子飞走了，张公子养的白鸽也跟着飞走了。

　　天亮以后，张公子去看笼子里的白鸽，果然都不见了。他心中后悔，又很伤心，决定不再养鸽子，把自己的鸽子都分给了朋友。

本级词：

舍不得 shě bu de | to bring great pain to do　　忍不住 rěn bu zhù | can't help

超纲词：

惊 jīng | to shock　　　　　　　　　　　　　公 gōng | male

听话 tīnghuà | to be obedient　　　　　　　母 mǔ | female

不已 bùyǐ | to be endless　　　　　　　　　权力 quánlì | power

当作 dàngzuò | to regard as　　　　　　　　抛弃 pāoqì | to abandon

练 习

排序

1. <u>张</u>公子做梦，梦见少年责怪他，没有照顾好鸽子。

2. <u>张</u>公子抱着白鸽回家，白鸽很听话，<u>张</u>公子精心照顾着它们。

3. 天亮以后，<u>张</u>公子发现笼子里的白鸽不见了。

4. <u>张</u>公子很喜欢这些白鸽，谁来要都不愿意给。

5. <u>张</u>公子为了讨好大官，把一只白鸽装在笼子里，送给大官。

6. 少年在梦中变成鸽子飞走了，也带走了白鸽。

7. <u>张</u>公子再次见到大官时，才知道鸽子被吃了。

8. <u>张</u>公子的下人来找他时，少年变成鸽子飞走了。

9. 过了两年，两只白鸽先后生了六只小鸽子。

10. <u>张</u>公子很后悔，决定从此不再养鸽子。

（　　）（　　）（　　）（　　）（　　）（　　）（　　）（　　）（　　）（　　）

练习参考答案

第一章 《狐狸的故事》

一、1. √　　2. √　　3. ×　　4. ×　　5. ×

二、1. √　　2. ×　　3. √　　4. √　　5. ×

三、1. √　　2. √　　3. ×　　4. ×　　5. ×

　　1. √　　2. √　　3. ×　　4. √　　5. ×

四、1. √　　2. ×　　3. ×　　4. √　　5. √

　　1. ×　　2. √　　3. ×　　4. ×　　5. √

　　1. √　　2. √　　3. ×　　4. √　　5. ×

第二章 《鬼魂的故事》

一、1. ×　　2. √　　3. ×　　4. √　　5. ×

二、1. √　　2. ×　　3. ×　　4. √　　5. √

　　1. √　　2. √　　3. ×　　4. √　　5. √

三、1. √　　2. ×　　3. ×　　4. ×　　5. √

　　1. √　　2. ×　　3. √　　4. √　　5. √

四、1. √　　2. ×　　3. √　　4. ×　　5. √

　　1. √　　2. √　　3. ×　　4. √　　5. ×

　　1. √　　2. ×　　3. ×　　4. √　　5. √

第三章 《百妖的故事》

一、1. ×　　2. √　　3. √　　4. √　　5. ×

二、1–6–4–7–8–5–3–9–2

三、1. ×　　2. √　　3. √　　4. √　　5. √

　　1. √　　2. √　　3. ×　　4. √　　5. ×

四、1. √　　2. √　　3. ×　　4. √　　5. ×

　　1. ×　　2. √　　3. √　　4. √　　5. ×

第四章 《神仙术士》

一、1–4–3–2–8–7–5–6–9

二、1–5–3–7–2–6–4–10–8–9

三、1. ×　　2. √　　3. ×　　4. √　　5. √

　　1. ×　　2. √　　3. ×　　4. √　　5. ×

四、1. ×　　2. √　　3. ×　　4. √　　5. √

　　1–5–4–2–6–3–9–8–7

第五章　《世间奇谈》

一、1. √　　2. ×　　3. ×　　4. √　　5. √

二、4–9–7–8–1–2–5–3–6

　　1. √　　2. ×　　3. √　　4. ×　　5. ×

三、1. √　　2. ×　　3. √　　4. √　　5. ×

　　1–5–4–2–6–3–10–9–7–8

四、1. √　　2. ×　　3. √　　4. ×　　5. √

　　8–2–9–4–5–7–1–6–3–10

词汇表

待 dài | to treat 2

胆子 dǎnzi | courage 4

蛋壳 dànké | eggshell 4

当年 dāngnián | those years 3

当作 dàngzuò | to regard as 5

岛 dǎo | island 3

倒是 dàoshì | actually 3

道观 dàoguàn | Daoist temple 4

道教 dàojiào | Daoism 4

道士 dàoshi | Daoist 2

道长 dàozhǎng | Daoist priest 2

得了 déle | to get 3

得知 dézhī | to hear 3

得罪 dézuì | to offend 2

等候 děnghòu | to wait 3

瞪 dèng | to stare 1

低价 dījià | low price 1

低头 dītóu | to bow one's head 2

低下 dīxià | to lower 1

递给 dìgěi | to hand over 2

点燃 diǎnrán | to ignite 1

殿 diàn | temple 4

钓 diào | to angle 3

掉落 diàoluò | to fall away 2

跌 diē | to depreciate 1

叠 dié | to fold 4

丢 diū | to lose 1

动静 dòngjing | activity, movement 1

洞 dòng | hole 1

斗 dòu | to fight 1

逗 dòu | to amuse 2

独子 dúzǐ | only son 5

端 duān | to hold 1

对答如流 duìdá-rúliú | to answer fluently 4

蹲 dūn | to squat 5

朵 duǒ | a measure word (for flowers, clouds, etc.) 3

躲 duǒ | to hide 1

E

恶 è | ferocious 1

恩 ēn | favor, kindness 1

恩人 ēnrén | benefactor 3

耳朵 ěrduo | ear 2

F

发呆 fādāi | to stare blankly 2

发抖 fādǒu | to tremble 2

发觉 fājué | to discover 4

罚 fá | to punish 3

法术 fǎshù | magic arts 1

翻筋斗 fānjīndǒu | to somersault 5

凡间 fánjiān | mortal world 5

烦恼 fánnǎo | to trouble 3

仿佛 fǎngfú | as if 5

放弃 fàngqì | to give up 1

飞舞 fēiwǔ | to flutter 5

分析 fēnxī | analysis 1

坟 fén | grave 5

坟墓 fénmù | grave 2

粉色 fěnsè | pink 3

愤怒 fènnù | angry 1

丰盛 fēngshèng | abundant 1

风度 fēngdù | mien 5

风雅 fēngyǎ | literary pursuits 3

疯子 fēngzi | lunatic 2

缝 féng | to seam 4

缝 fèng | crevice 3

拂尘 fúchén | horsetail whisk 2

幅 fú | a measure word (for paintings,

photos, cloth, etc.) 2

抚养 fǔyǎng | to raise 1

富贵 fùguì | riches and honor 3

G

该 gāi | must 1

赶车 gǎnchē | to drive a cart 2

赶路 gǎnlù | to hurry on with one's journey

2

感激 gǎnjī | to feel grateful 2

干脆 gāncuì | simply 1

告 gào | to sue 1

疙瘩 gēda | a swelling on the skin 3

胳膊 gēbo | arm 3

鸽子 gēzi | pigeon 5

格 gé | rattle 2

跟随 gēnsuí | to follow 1

弓箭 gōngjiàn | bow and arrow 1

公 gōng | male 5

公主 gōngzhǔ | princess 3

攻 gōng | to attack 1

攻击 gōngjī | to attack 1

宫 gōng | palace 1

恭敬 gōngjìng | respectful 2

孤独 gūdú | lonely 2

鼓励 gǔlì | to encourage 2

关键 guānjiàn | key point 3

官兵 guānbīng | government troops 1

官府 guānfǔ | government 1

棺材 guāncai | coffin 2

鬼 guǐ | ghost 1

跪 guì | to kneel 2

棍子 gùnzi | stick 2

国王 guówáng | king 3

H

蛤蟆 háma | toad 2

害 hài | to do harm to 2

害羞 hàixiū | shy 5

豪爽 háoshuǎng | bold and forthright 1

好感 hǎogǎn | favorable impression 5

好坏 hǎohuài | good or bad 3

好心 hǎoxīn | kind heart 4

合唱 héchàng | to chorus 5

合成 héchéng | to compose 3

何必 hébì | there is no need 2

浇 jiāo | to irrigate 3

骄傲 jiāo'ào | proud 2

跤 jiāo | stumble 3

脚步 jiǎobù | footstep 5

节奏 jiézòu | rhythm 5

戒指 jièzhi | ring 5

借口 jièkǒu | excuse 5

金钗 jīnchāi | gold hairpin 1

金钱 jīnqián | money 1

金子 jīnzi | gold 2

尽 jìn | entirely 3

紧紧 jǐnjǐn | tightly 2

惊 jīng | to shock 5

惊慌 jīnghuāng | panic 1

精美 jīngměi | exquisite 4

精心 jīngxīn | meticulous 1

井 jǐng | well 2

静悄悄 jìngqiāoqiāo | quietly 5

韭菜 jiǔcài | Chinese leek 2

酒菜 jiǔcài | wine and food 1

酒壶 jiǔhú | flagon 4

救命 jiùmìng | to save sb's life 2

就算 jiùsuàn | even if 3

居然 jūrán | unexpectedly 2

菊花 júhuā | chrysanthemum 3

举动 jǔdòng | comportment 4

拒绝 jùjué | to refuse 1

卷 juǎn | to stir up 3

绝 jué | absolutely 5

K

砍 kǎn | to chop 2

砍柴 kǎnchái | to cut firewood 4

康复 kāngfù | to recover one's health 2

扛 káng | to carry on the shoulder 4

靠近 kàojìn | to approach 2

颗 kē | usually for anything small and roundish 2

磕 kē | to knock 5

可怜 kělián | pitiful 1

可惜 kěxī | regrettably 1

可笑 kěxiào | ridiculous 3

肯 kěn | to agree 5

肯定 kěndìng | to be sure 1

坑 kēng | hole 4

空中 kōngzhōng | air 1

口诀 kǒujué | a pithy formula 4

枯萎 kūwěi | withered 3

夸奖 kuājiǎng | to commend 1

亏 kuī | to lose money 1

盔甲 kuījiǎ | armor 5

捆 kǔn | to tie 5

L

蜡烛 làzhú | candle 1

拦 lán | to block 2

篮子 lánzi | basket 2

懒 lǎn | lazy 1

烂 làn | broken 2

Q

欺负 qīfu | to bully　2

奇谈 qítán | strange story　5

祈祷 qídǎo | to pray　2

旗帜 qízhì | flag　1

乞丐 qǐgài | beggar　4

气味 qìwèi | smell　2

掐 qiā | to pinch　3

牵 qiān | to pull　3

欠 qiàn | to owe　3

强盗 qiángdào | robber　1

强壮 qiángzhuàng | strong　2

墙壁 qiángbì | wall　2

抢 qiǎng | to rob　1

悄悄 qiāoqiāo | quietly　1

敲 qiāo | to knock　5

敲鼓 qiāogǔ | to beat a drum　5

敲门 qiāo mén | to knock at the door　1

亲热 qīnrè | to make out with　2

亲热 qīnrè | warm　2

琴 qín | a traditional Chinese musical instrument　2

勤快 qínkuài | hardworking　1

青青 qīngqīng | freshly green　4

青色 qīngsè | cyan　2

清 qīng | clear　1

清脆 qīngcuì | clear and melodious　5

清明节 Qīngmíng Jié | Tomb Sweeping Day　1

清早 qīngzǎo | early morning　4

情人 qíngrén | lover　5

娶 qǔ | to marry a wife　1

去向 qùxiàng | whereabouts　4

权力 quánlì | power　5

拳头 quántou | fist　3

劝 quàn | to persuade　1

劝告 quàngào | counsel　3

R

惹怒 rěnù | to provoke　3

热气 rèqì | hot air　2

热水 rèshuǐ | hot water　4

人间 rénjiān | the world　4

人身 rénshēn | human body　1

人物 rénwù | character　5

忍 rěn | to endure　2

忍不住 rěn bu zhù | can't help　5

认 rèn | to enter into a certain relationship with　4

扔 rēng | to throw　2

入座 rùzuò | to take one's seat　1

软 ruǎn | soft　3

若 ruò | if　2

S

塞 sāi | to stuff　2

散发 sànfā | to emit　2

散落 sànluò | to fall scattered　2

嗓子 sǎngzi | throat　2

丧事 sāngshì | funeral 2

杀 shā | to kill 1

傻 shǎ | stupid 2

山顶 shāndǐng | mountaintop 4

闪烁 shǎnshuò | to glimmer 5

扇 shān | to flap 4

擅长 shàncháng | to be good at 2

伤口 shāngkǒu | wound 2

上级 shàngjí | superior 1

上上下下 shàngshàngxiàxià | from top to
bottom 2

上司 shàngsi | superior 2

上下 shàngxià | up and down 5

尚未 shàngwèi | not yet 2

烧焦 shāojiāo | burned 1

舍不得 shě bu de | to bring great pain to
do 5

射 shè | to shoot 4

伸 shēn | to stretch 2

伸手 shēnshǒu | to stretch one's hand 5

深夜 shēnyè | late night 2

神 shén | god 4

神婆 shénpó | witch 2

神奇 shénqí | miraculous 3

神情 shénqíng | expression 2

神仙 shénxiān | supernatural being 4

审问 shěnwèn | to interrogate 4

绳子 shéngzi | rope 5

胜负 shèngfù | victory or defeat 1

盛开 shèngkāi | to bloom 3

盛装 shèngzhuāng | splendid attire 4

剩 shèng | to remain 1

剩下 shèngxià | to remain 1

尸骨 shīgǔ | dead bones 2

尸体 shītǐ | corpse 2

诗歌 shīgē | poem 5

时光 shíguāng | time 5

世间 shìjiān | world 5

试试 shìshi | to have a try 1

收藏 shōucáng | to collect 3

收拾 shōushi | to tidy 1

手下 shǒuxià | underling 5

寿命 shòumìng | lifespan 3

瘦 shòu | thin 2

书本 shūběn | book 1

书房 shūfáng | study 2

梳头 shūtóu | to comb one's hair 5

梳子 shūzi | comb 5

术士 shùshì | warlock 4

摔 shuāi | to fall down 3

摔倒 shuāidǎo | to tumble 4

甩 shuǎi | to throw away 1

甩 shuǎi | to throw off 3

水晶 shuǐjīng | crystal 5

顺着 shùnzhe | along 2

说说笑笑 shuōshuōxiàoxiào | to laugh and
chat 1

说笑 shuōxiào | to laugh and chat 1

顽皮 wánpí | naughty	2	
汪汪 wāngwāng | woof	3	
王冠 wángguān | crown	3	
王爷 wángye | Prince	1	
忘不了 wàng bu liǎo | can never forget	1	
微弱 wēiruò | faint	2	
微微 wēiwēi | slightly	5	
围观 wéiguān | to gather around and watch	4	
围绕 wéirào | to encircle	5	
委屈 wěiqu | to feel wronged	3	
为难 wéinán | to make things difficult for sb	2	
为人 wéirén | behavior	4	
喂养 wèiyǎng | to feed	1	
温柔 wēnróu | blandness	2	
温顺 wēnshùn | meek	3	
蚊子 wénzi | mosquito	3	
嗡 wēng | buzzing	5	
卧室 wòshì | bedroom	1	
乌鸦 wūyā | crow	2	
屋 wū | house	1	
屋顶 wūdǐng | roof	1	
无礼 wúlǐ | disrespect	3	
无奈 wúnài | to have no choice	1	
武士 wǔshì | warrior	3	
捂 wǔ | to cover	2	
舞 wǔ | dance	4	
雾 wù | fog	5	

X

熄灭 xīmiè | to extinguish	1	
蟋蟀 xīshuài | cricket	2	
喜剧 xǐjù | comedy	4	
喜事 xǐshì | happy event	5	
细心 xìxīn | careful	2	
下人 xiàrén | servant	1	
吓 xià | to scare	1	
仙女 xiānnǚ | fairy	2	
先后 xiānhòu | successively	5	
先行 xiānxíng | to go ahead of the rest	2	
掀 xiān | to lift	4	
嫌 xián | to dislike	3	
嫌弃 xiánqì | to dislike	1	
羡慕 xiànmù | to envy	5	
献 xiàn | to offer	2	
相继 xiāngjì | successively	5	
香炉 xiānglú | censer	2	
香气 xiāngqì | fragrance	1	
香味 xiāngwèi | aroma	3	
详细 xiángxì | detailed	1	
享受 xiǎngshòu | to enjoy	5	
响起 xiǎngqǐ | to sound	1	
项圈 xiàngquān | collar	3	
消愁 xiāochóu | to dispel one's worries	3	
小气 xiǎoqì | stingy	1	
小偷 xiǎotōu | thief	1	
孝顺 xiàoshùn | filial piety	5	
笑嘻嘻 xiàoxīxī | to smile	5	

一阵阵 yízhènzhèn | intermittently 2

衣袖 yīxiù | sleeve 1

依旧 yījiù | still 1

遗憾 yíhàn | regret 2

遗物 yíwù | relics 1

意识 yìshí | consciousness 2

因 yīn | because of 3

银子 yínzi | silver 1

硬 yìng | forcibly 2

用来 yònglái | to be used for 2

忧愁 yōuchóu | to be worried 2

幽默 yōumò | humorous 5

尤其 yóuqí | especially 4

犹豫 yóuyù | to hesitate 2

游玩 yóuwán | to stroll about 5

友谊 yǒuyì | friendship 1

有没有 yǒu méiyǒu | is/are there 5

幼苗 yòumiáo | seedling 3

羽毛 yǔmáo | feather 1

冤枉 yuānwang | to treat unjustly 4

渊博 yuānbó | erudite 1

元宵节 Yuánxiāo Jié | Lantern Festival 1

园 yuán | garden 1

原地 yuándì | same place 4

原谅 yuánliàng | to forgive 1

愿 yuàn | to be willing 5

Z

灾荒 zāihuāng | famine 5

仔细 zǐxì | carefully 1

再次 zàicì | once again 5

再说 zàishuō | besides 2

再也 zàiyě | never again 1

暂时 zànshí | temporarily 1

葬 zàng | to bury 2

糟糕 zāogāo | damnable 1

则 zé | then 3

扎实 zhāshi | solid 5

蚱蜢 zhàměng | grasshopper 3

摘 zhāi | to pick 4

沾 zhān | to be stained with 1

占领 zhànlǐng | to occupy 1

战衣 zhànyī | battle suit 1

涨 zhǎng | to go up 1

爪子 zhuǎzi | claw 2

珍宝 zhēnbǎo | treasure 3

珍贵 zhēnguì | precious 1

真相 zhēnxiàng | truth 5

征收 zhēngshōu | to levy 2

睁 zhēng | to open the eyes 1

挣 zhèng | to earn 3

挣钱 zhèngqián | to earn money 1

正直 zhèngzhí | honest 2

枝 zhī | a measure word (for flowers with intact stems) 5

图书在版编目（CIP）数据

聊斋故事 / 孙敏编 . -- 上海：上海外语教育出版
社，2024
（阅读中国·外教社中文分级系列读物 / 程爱民总
主编 . 五级）
ISBN 978-7-5446-7966-4

Ⅰ.①聊… Ⅱ.①孙… Ⅲ.①汉语—对外汉语教学—
语言读物 Ⅳ.①H195.5

中国国家版本馆CIP数据核字（2024）第026438号

出版发行：**上海外语教育出版社**
（上海外国语大学内） 邮编：200083
电　　话：021-65425300 (总机)
电子邮箱：bookinfo@sflep.com.cn
网　　址：http://www.sflep.com
责任编辑：吴为

印　　刷：上海商务联西印刷有限公司
开　　本：787×1092　1/16　印张 8.5　字数 150 千字
版　　次：2025 年 3 月第 1 版　2025 年 3 月第 1 次印刷

书　　号：ISBN 978-7-5446-7966-4
定　　价：45.00 元

本版图书如有印装质量问题，可向本社调换
质量服务热线：4008-213-263